Alfons Weiser

Was die Bibel Wunder nennt

Alfons Weiser
Was die Bibel Wunder nennt

Ein Sachbuch zu den Berichten der Evangelien

KBW Verlag Stuttgart

Den Kollegen, Hörern und Mitbrüdern der
Theologischen Hochschule Vallendar.
Mit ihnen konnte ich die Fragen besprechen,
die in diesem Buch behandelt werden.

Inhalt

Warten wir auf Wunder?

Immer wieder gebrauchen wir den Begriff Wunder. Wir sprechen vom Wunder der Bergwelt, der Kristalle oder einer Orchidee.

In dem humorvollen, geistreichen Roman „Das Wunder des Malachias" läßt der Schriftsteller Bruce Marshall einen Kaplan sagen: „Wunder sind heute aus der Mode gekommen. Wenn sich eins im Schlafzimmer unseres hochwürdigsten Herrn Bischofs ereignen würde, täte Seine Gnaden alles, um den ungehörigen Fall zu vertuschen." [1]

Allem Anschein nach weiß dieser Bischof mit dem Wunder nichts anzufangen. Er geht ihm aus dem Weg. Er ist gleichsam auf der Flucht vor dem Wunder. Oder fürchtet er nur die öffentliche Diskussion über dieses Thema? Will er sich nicht mit dieser Frage auseinandersetzen: mit dem Studienrat der Naturwissenschaften, der ohne das Wunder auszukommen scheint – mit jener Mutter, die Tag und Nacht auf ein Wunder für ihr unheilbar krankes Kind wartet?

Beide Einstellungen sind vorhanden und weit verbreitet. Einerseits fragen viele Menschen zu recht: Wo ereignen sich heute noch Wunder? Erweist sich unsere Welt nicht als ein geschlossenes Ganzes, in dem alle Geschehnisse ihre erkennbare Ursache haben? Sind nicht alle Wirkungen berechenbar und planbar? Wer denkt schon daran, daß ihm die Sorgen des Tages oder etwa schwere Belastungen in Krankheit und Unglück durch außerordentliche Eingriffe abgenommen werden? Das Wunder erscheint einem zu fremd, als daß man sich darauf einlassen könnte.

Auf der anderen Seite sprechen wir vom Wunder der Bergwelt, der Kristalle, des menschlichen Körpers oder einer Orchidee. „Wie durch ein Wunder konnten die Insassen heil aus den Trümmern des Sportflugzeugs geborgen werden." So lesen wir in der Zeitung. Das Kirchenblatt berichtet über eine Wunderheilung in Lourdes. Mancher hat ein grenzenloses Vertrauen zum heiligen Antonius. Er hält noch etwas von jenem alten Spruch: „Wer Wunder sucht und Zeichen will, bei Sankt Antonius findt' er viel."

Und da sind dann auch noch die Geschichten der Bibel, die Wunderdinge berichten. Jeder kennt die eine oder andere Erzählung. Der eine verweist sie in das Reich der Fabel: „Das sind Geschichten für Kinder und fromme Tanten. Ein vernünftiger Mensch wird doch so etwas nicht mehr glauben". Andere schätzen diese alten Überlieferungen, können aber nichts Rechtes mit ihnen anfangen. Sie fragen: „Wie aber sind die Wundertexte der Bibel zu verstehen? Welchen Sinn haben sie noch für uns? Was gehen sie uns an? Was bedeutet es, daß vor 2000 Jahren ein Mann lebte, der aufsehenerregende Dinge getan haben soll? Gab es nicht auch Zeitgenossen, denen man ähnliche Taten zuschrieb? Warum sollen ausgerechnet die Wundertaten Jesu eine Sonderstellung einnehmen?" Selbst wenn sich erweisen ließe, daß er Dinge getan hat, die sonst niemand zu vollbringen vermochte, bleibt die Frage: Weshalb hat er sie getan? Um Aufsehen zu erregen? Bewunderung zu ernten? Um etwas zu beweisen? Vielleicht seine Gottheit? Oder wollte er durch seine Taten die Welt verbessern?

Ziel und Absicht dieses Sachbuches

Das vorliegende Buch möchte diese Fragen aufnehmen. Es möchte eine Hilfe dazu bieten, den Sinn der neutestamentlichen Wundererzählungen zu verstehen und mit ihrer Botschaft auch heute verantwortbar zu leben. Dabei wird sich zeigen, daß diese Texte in erster Linie gar nicht über Geschehnisse der Vergangenheit informieren, sondern in unsere eigene Gegenwart hineinsprechen und Hoffnung auf eine bessere Zukunft begründen.

I. Was ist ein Wunder?

1. Was bezeichnen WIR als Wunder?

In einer Arbeitsgemeinschaft mit zwanzig Lehrern wurde die Frage gestellt: „Was verstehe ich unter einem Wunder?" Die Teilnehmer gaben unabhängig voneinander folgende Antworten:

Ein Ereignis, das naturwissenschaftlich nicht erklärbar ist	15
Ein Ereignis, das natürlich, das heißt mit dem Verstand, nicht erklärbar ist	2
Ein Ereignis, das unerwartet eintritt	2
Ein Außerkrafttreten der Naturgesetze durch ein besonderes Eingreifen Gottes	1

Ein Wunder gilt als etwas Außerordentliches.

Bei allen Antworten steht der Gedanke, daß es sich bei einem Wunder um etwas *Außerordentliches* handle, im Vordergrund. Die Antworten unterscheiden sich allerdings in der näheren Angabe darüber, welcher Art die Ordnung ist, von der das Wunder abweicht:

Der größte Teil der Gruppe legt naturwissenschaftliche Maßstäbe an und läßt nur das als Wunder gelten, was der wissenschaftlich erkannten Naturordnung nicht entspricht. Ein Wunder wäre es etwa, wenn ein Fallschirmspringer nicht den Fallgesetzen folgen und statt nach unten zu fallen nach oben fliegen würde.

Ein erheblich kleinerer Teil der Gruppe gibt sich schon damit zufrieden, daß das Ereignis für den gesunden Hausverstand unerklärlich erscheint. Hierher gehören etwa Phänomene, die heute von der Parapsychologie erforscht werden[2], Außenstehenden aber wie Wunder vorkommen können. Denken wir nur an Gedankenübertragung (Telepathie), Hellsehen, Vorherwissen (Präkognition) und Psychokinese: psychische Einwirkung auf Gegenstände, so daß diese sich bewegen oder ähnliche Wirkungen zeigen. Für die abkürzende Zusammenfassung derartiger Vorgänge verwendet man neuerdings den griechischen Buchstaben Psi und spricht von Psi-Phänomenen. Obwohl in diesem Bereich die Gefahr von Trick und Betrug sehr groß ist, kann nach den heute vorliegenden Forschungsergebnissen an der Wirklichkeit solcher Phänomene nicht gezweifelt werden. Sie aber berechtigterweise als Wunder zu bezeichnen, dazu fehlt ihnen – wie wir später sehen werden – noch ein wesentliches Element.

Die russische Psychokinetikerin Kulagina „hält" eine Kugel, ohne sie zu berühren.

Ein weiterer kleiner Teil der Gruppe betrachtet ein Ereignis schon dann als ein Wunder, wenn eine Wirkung eintritt, die nicht den normalen Erwartungen entspricht. Da passiert etwa ein schwerer Verkehrsunfall. Man hätte mit dem Tod rechnen müssen. Doch alle Beteiligten sind gesund.

„Wunder" in Monaco überschrieb die Rheinzeitung vom 28. 5. 1974 diesen Beitrag.

MONTE CARLO. Rennfahrer reden meist von Sicherheit, nach dem Großen Preis von Monaco aber nur noch von „Wunder". Auch in diesem Jahr erlebte Monte Carlo einen Grand Prix wie er lacht und kracht, und der Engländer John Watson, der dort zum erstenmal ein Formel-1-Rennen bestritt und dazu noch Sechster wurde, staunte: „Überall flogen Autos durch die Luft, ein Wunder, daß nichts passiert ist." Schon in der ersten von 78 Runden eliminierten sich Redman, Hulme, Beltoise, Pace, Brambilla und Tim Schenken in Schrottfahrer-Manier. Nur dreizehn der 25 gestarteten Wagen kamen zwölf Runden weit, lediglich neun sahen die Zielflagge. Angesichts der Tatsache, daß der Grand-Prix-Zirkus trotz dieser Gefahren immer wieder zwischen den Bordsteinen und Kaimauern gastiert, sollte man künftig nicht mehr so oft von Sicherheit reden, sondern nur noch von „Wundern".

Wundersucht und Nervenkitzel sind miteinander verwandt. – Zu unserem Bericht aus Monte Carlo.

Außer dem Gedanken an die Ungewöhnlichkeit des Geschehens kommt in einer Antwort noch ein weiterer Gedanke vor: Er nennt als Ursache für das außerordentliche Geschehen „. . . ein besonderes Eingreifen Gottes". Es ist bemerkenswert, daß nur eine einzige Antwort einen Zusammenhang zwischen Gott und dem, was man als Wunder bezeichnet, ausdrücklich nennt. Bemerkenswert ist aber auch die Denkweise, die hinter dieser Aussage steht: Gottes Wirken wird als ein „Eingreifen" in den naturgesetzlich geregelten Ablauf innerweltlicher Geschehnisse verstanden. Man nimmt bei dieser Sicht meist an, Gott und Welt, näherhin das Wirken Gottes und die normalen Geschehensabläufe in der Welt seien zwei eigene, voneinander getrennte Bereiche.

Da Gott aber die Welt und ihre Gesetze begründet habe und allmächtig sei, könne er auch jederzeit von außen her in ihr Räderwerk eingreifen. Freilich müsse man sich seinen Eingriff dann so vorstellen, daß er zwar die Bewegung eines einzelnen Rädchens verändere, die übrige Maschinerie aber dennoch ungestört ihren Gang weitergehe. Darin würde sich etwa der Eingriff Gottes vom Eingriff eines Mechanikers in seine Maschine unterscheiden.

Wir werden später sehen, wie in dieser Vorstellungsweise Elemente des antiken und mittelalterlichen Weltbildes mit manchen Erkenntnissen eines stark naturwissenschaftlich geprägten Weltbildes sehr unbefriedigend vermischt sind.

Lesen Sie dazu Seite 16 f

Die Antworten des Arbeitskreises entsprechen ganz den landläufigen Vorstellungen, die man heutzutage über das Wunder vorfindet. Je nach Bildungsstand gibt es in der näheren Bestimmung zwar kleine Unterschiede,

Gott hat die Welt geschaffen, sie funktioniert ohne sein Zutun, meinen manche. Andere halten es für möglich, daß Gott in ihre Abläufe eingreifen kann. Und was glauben wir . . .?

aufs ganze gesehen herrscht jedoch das Moment der *Außerordentlichkeit* und *Außergewöhnlichkeit* so vor, daß es als das entscheidende Kriterium für das gilt, was man als Wunder bezeichnet. Auch der Sprachgebrauch läßt dies erkennen. Wir sprechen vom „Wunderkind“, „Wundertier“ und den sieben „Weltwundern“. Diese Wortbildungen kennzeichnen das Außergewöhnliche, Staunenerregende. „Wunder“ setzt ein „Sich-Wundern“ voraus. Freude an Überraschungen, an Anlässen, die ein Staunen und ein Sich-Wundern hervorrufen, gehören zum Menschenleben. Auch nüchterne Menschen unserer Zeit suchen solche Erfahrungen. Die Frage aber ist, ob das, was uns in der Bibel als Wunder begegnet, sich im „Staunen-Erregen“, in der „Außerordentlichkeit“, im „Sich-Wundern“ erschöpft und ob darin schon das Wesentliche liegt.

Zusammenfassung

Wir können zusammenfassend sagen: Das Hauptmerkmal, auf Grund dessen man heute etwas als ein Wunder bezeichnet, ist das Moment der Außerordentlichkeit. Ihre nähere Bestimmung fällt allerdings unterschiedlich aus: Manchem genügt schon, daß etwas unerwartet eintritt, andere sehen den für ein Wunder erforderlichen Grad der Außerordentlichkeit erst dann gegeben, wenn ein Vorgang außerhalb wissenschaftlicher Erklärung liegt. Die mehr oder weniger bewußte Orientierung am Naturgesetz steht also im Vordergrund.

Wo man überdies meint, auch Gott könne mit dem Wunder etwas zu tun haben, wird sein Handeln meist als ein Eingreifen von außen in den innerweltlichen Geschehensablauf verstanden.

Es ist angesichts einer derartigen Auffassung verständlich, daß das Wunder immer mehr zurückgedrängt wird. Manches von dem, was gestern noch wegen seiner Außerordentlichkeit und Unerklärlichkeit als Wunder gelten konnte, erweist sich heute auf Grund menschlichen Erkenntnisfortschritts als durchaus erklärbar und somit eben nicht mehr als Wunder. Bei dieser Sicht muß es zu recht von Tag zu Tag an Bedeutung verlieren. Große Probleme der Menschen – Hunger, Krankheit, psychische Leiden – werden durch medizinische und technische Mittel immer wirksamer bekämpft. Der Fortschritt drückt das nur im Sinne der Außergewöhnlichkeit verstandene Wunder immer mehr an den Rand.

2. Was bezeichnet man in der ANTIKE als Wunder?

Die Schriften der Bibel stammen aus der Antike des vorderen Orients und des Mittelmeerraumes. Sie sind etwa in der Zeit von 1000 v. Chr. bis 100 n. Chr. entstanden. Die Verfasser waren Menschen ihrer Zeit und geprägt von den Kulturen, in denen sie lebten. Das merkt man ihren Texten an, auch den biblischen Wundererzählungen. Fragen wir also zuerst danach, wie die Menschen der damaligen Zeit überhaupt ihre Welt und das Wirken übermenschlicher Kräfte in ihr verstanden.

Das antike Weltbild

Das antike Weltbild hatte folgende Konturen: Das Weltganze war in drei Stockwerke gegliedert: in die obere Welt, die Erde und die untere Welt. Die Erde stellt als feste Scheibe die Mitte des Ganzen dar. Wie eine riesige Käseglocke wölbt sich über ihr die massiv gedachte „Feste" des Himmels, das Firmament. Es ruht am Rand der Erde auf den „Säulen des Himmels". An der Innenseite des Firmaments sind die „großen und kleinen Lichter" befestigt. Das Gewölbe ist mit Öffnungen durchbrochen. Es sind die „Schleusen des Himmels", durch die der Regen einströmen kann, der von den oberen Wassern kommt. Unterhalb der Erde befinden sich die unteren Wasser, der Urozean. Von ihm her wird durch die „Brunnen der Tiefe" das Meer gebildet. Der Urozean umspült Felsen, in denen die „Säulen der Erde" verankert sind.

Die obere Welt galt den Menschen der Antike vor allem als der Ort Gottes bzw. der Götter und himmlischen Wesen. Den Zwischenraum zwischen dem Himmel als göttlichem Ort und der Erde, dem Ort der Menschen, dachte man sich belebt durch gute Geister. Die Unterwelt galt als Reich des Todes und Wohnsitz böser dämonischer Mächte.

In diesem Gesamtrahmen haben die Menschen in der vorderorientalischen und griechisch-römischen Antike, aber auch im wesentlichen das ganze Mittelalter hindurch die Welt und ihre Mächte betrachtet. In ihm dachten alle biblischen Schriftsteller des Alten und Neuen Testaments. Worin dennoch ihre Eigenart und die großen Unterschiede ihrer Botschaft und ihres Gottesglaubens im Verhältnis zu ihrer Umwelt bestehen, werden wir im nächsten Abschnitt eigens darstellen.

Was ergibt sich daraus für das Wunderverständnis der Antike?

Fragen wir zunächst, was sich innerhalb dieses Weltbildes für das Wunderverständnis der Antike ergibt. Zwischen Gott bzw. den Göttern und der Welt besteht keine derartige Trennung, daß nicht ständig göttliche Mächte, gute und böse Geister in das Geschehen auf der Erde eingreifen.

So stellten sich die Alten das Weltganze vor. Über der scheibenförmigen Erde wölbt sich das Firmament, unter ihr liegt der Urozean.

Ihr Einwirken als solches gilt nicht als befremdlich. Man rechnet ständig damit, obwohl der einzelne Eingriff nie berechenbar ist.

Dementsprechend versucht niemand aus der Regelmäßigkeit irdischer Geschehensabläufe auf eine konstant wirkende Naturgesetzlichkeit zu schließen. Freilich wissen die Alten um den gewöhnlichen, üblichen Lauf der Dinge, aber sie erkennen bereits in ihm das Wirken göttlicher Macht, die überdies und jederzeit auch die Regelmäßigkeit unterbrechen und die Dinge einen anderen Lauf nehmen lassen könnte.

Entscheidend für das, was die Menschen der Antike als Wunder bezeichneten, war deshalb nicht die Außerordentlichkeit eines Ereignisses in sich, und schon gar nicht ein naturwissenschaftlich gemessener Grad der

Außerordentlichkeit, sondern die Erfahrung des Göttlichen. Es gab Ereignisse, bei denen das Göttliche stärker in Erscheinung trat als bei anderen, und es konnte dabei der Gesichtspunkt der Gewöhnlichkeit oder Ungewöhnlichkeit eine Rolle spielen, aber er war nicht das allein ausschlaggebende Moment. Um etwas als Wunder zu bezeichnen, kam es nicht in erster Linie darauf an, die Außerordentlichkeit oder gar den genauen Grad des menschlich Möglichen oder Unmöglichen festzustellen, sondern vielmehr die Gegenwart und das Wirken der Gottheit und ihrer Mächte intensiver als sonst zu erfahren.

Galten das Leben und seine Erhaltung ohnehin schon als Geschenk der Gottheit, dann selbstverständlich auch die Genesung von einer Krankheit und noch mehr die unerwartete Genesung oder die Gesundung von besonders schwerem Leiden. Der gebürtige Ägypter und römische Flottensoldat Apion dankt dem Gott Serapis für die Heimkehr von einer gefahrvollen Reise. Ebenso konnte man in der Wende eines Kampfes oder in einem plötzlich hereinbrechenden Gewitter Anzeichen göttlicher Wirksamkeit erkennen. Diese Verständnisweise drückt sich sehr schön an einer Stelle im

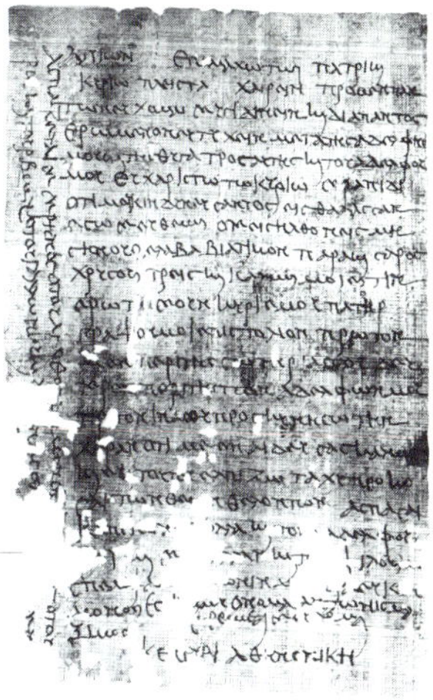

Der Originalbrief des Apion aus der Papyrussammlung der Staatlichen Museen in Berlin/DDR.

Johannesevangelium aus: Jesus befindet sich in Jerusalem. Während er redet „erschallt eine Stimme vom Himmel . . . Das Volk, das dabeisteht und dies hört, sagt: Es hat gedonnert. Andere sagen: Ein Engel hat mit ihm gesprochen“ (12, 28 f).

Der große Unterschied zwischen dem, was Menschen unserer Zeit als Wunder bezeichnen, zu dem, was man in der Antike Wunder nannte, besteht vor allem darin, daß die zwei Komponenten Erfahrung der Außerordentlichkeit und Erfahrung des Göttlichen in ihrer Bedeutung für das Wunder genau umgekehrt eingeschätzt werden: Bei uns steht die Außerordentlichkeit so beherrschend im Vordergrund, daß die Erfahrung des Göttlichen kaum eine Rolle spielt; in der Antike dagegen galt die Erfahrung der sich als wirkmächtig erweisenden Gottheit, ihr Erscheinen, ihre „Epiphanie“ als das, was ein Wunder ausmacht, und die Frage der Außerordentlichkeit spielte dabei die geringere Rolle.

Diese verschiedenen Auffassungen haben ihre Wurzel in einer verschiedenen Betrachtung der Welt: im antiken und mittelalterlichen Weltbild gelten Gott, sowie gute und böse Geister als Mächte, die ständig und unmittelbar in das Weltgeschehen eingreifen – mindestens eingreifen können. Von ihrer Einwirkung, und nicht von berechenbaren Naturgesetzen sind die Ereignisfolgen abhängig.

Diese Betrachtungsweise wurde zu Beginn der Neuzeit durch ein grundlegend anderes Weltbild abgelöst. Es begann mit den Erkenntnissen der Forscher, welche die moderne Physik und damit die neuzeitliche Naturwissenschaft begründeten: Kopernikus, Kepler, Galilei und Newton. Sie wiesen nach, daß die Erde nicht Mittelpunkt der Welt, sondern selbst nur Teil des Sonnensystems sei, und sie erwiesen in je verschiedenen Bereichen der Natur die Gültigkeit des Kausalitätsprinzips, „wonach nichts, was ge-

Was einst Vision oder Wunschtraum war, scheint durch die Weltraumfahrt greifbar nahe gerückt. Der Mensch durchbricht den Horizont seiner Welt.

schieht, ohne einen zureichenden Grund dafür geschieht, daß es gerade so und nicht anders geschehen ist"[3]. Die Ergebnisse der klassischen Physik sind durch die Erkenntnisfortschritte der Mikrophysik, auch durch die Heisenbergsche Quantentheorie nicht etwa überholt, sondern nur präzisiert worden.

Gründe für die unfruchtbare Auseinandersetzung zwischen Kirche und Naturwissenschaft

Zu einem bedauerlichen Kampf zwischen Kirche und Naturwissenschaft, zwischen christlichem Wunderglauben und naturwissenschaftlichem Weltverständnis konnte es nur kommen, weil man zwei grundverschiedene Ebenen der Erfahrung, des Denkens und Sprechens nicht sorgfältig auseinanderhielt. Man beurteilte vom naturwissenschaftlichen Standpunkt aus Texte der Antike, die überhaupt nicht unter naturwissenschaftlichem Gesichtspunkt geschrieben sind, und man erhob aus den antiken Texten Aussagen, die dem naturwissenschaftlichen Weltbild zu widersprechen schienen. Beides geschah zu unrecht.

3. Was bezeichnet die BIBEL als Wunder?

Wenn die Menschen der Antike die göttliche Wirkmacht in einem Ereignis deutlicher spürten als sonst, sprachen sie von einem Wunder. Das war auch bei den biblischen Schriftstellern nicht anders. Und doch unterscheidet sich ihr Wunderverständnis in einigen wichtigen Punkten von dem ihrer Umwelt. Schauen wir genauer zu! Versuchen wir einen Überblick über jene Phänomene zu bekommen, welche die Bibel als „Zeichen", „Wunder", „Taten" oder „Machttaten" Gottes bezeichnet.

Die Besonderheit des biblischen Wunderverständnisses: Gottes- und Schöpfungsglaube

Die Mythen der Umwelt Israels schildern das Entstehen der Welt als einen Kampf der chaotischen Naturelemente, aus dem auch die Gottheiten erst hervorgingen. Im Glauben Israels dagegen steht in souveräner Beherrschung aller Mächte Gott am Anfang. Bereits die Schöpfung gilt deshalb als Machterweis Gottes und wird in der Liturgie Israels als Wunder besungen:

> Danket dem Herrn der Herren . . .,
> Der große Wunder getan allein . . .,
> Der den Himmel schuf in Weisheit . . .,
> Der die Erde über den Wassern gefestigt . . .,
> Der große Lichter schuf . . . (Ps 136, 4–7).

Ein weiterer Unterschied besteht darin, daß in Israels Umwelt Gestirne, leben- und todbringende Kräfte der Natur, Quellen, Flüsse und Bäume als Gottheiten angesehen werden. Man verehrt sie in großen Gestirn- und Fruchtbarkeitskulten, denn von diesen göttlichen Mächten hängen ja Gedeih und Verderb der Menschen ab.

Israel dagegen verehrt keine Naturgottheiten, und wenn es gelegentlich geschah, so wurde es als abwegig betrachtet. Das machtvolle Wirken seines Gottes erfährt es vor allem in der Führung und Fügung menschlicher

Geschichte. Israels Glauben an die Machttaten Jahwes drückt sich in dem Bekenntnis aus, daß Gott sowohl für das einzelne Menschenleben wie für das ganze Volk und seinen Weg durch die Geschichte Sorge trägt.

Die Überzeugung, daß Gott dem persönlichen Leben des einzelnen nahe ist und es aus gefahrvollen Situationen errettet, bekennt etwa das liturgische Danklied Ps 107. In ihm werden vier Gruppen von Menschen aufgerufen, Gott zu danken „für seine Huld und für seine Wunder an den Menschen": Wanderer, die durch die Wüste ihr Ziel erreichten; Gefangene, die befreit wurden, Kranke, die Genesung fanden; Schiffsreisende, die der Seenot entkamen. Wieweit es sich um Notsituationen handelt, die – menschlich betrachtet – keine Aussicht mehr auf Rettung boten, wird – entsprechend antikem Wunderverständnis – nicht gesagt. Entscheidend ist: Menschen erfuhren Rettung und erkennen in ihr göttliche Hilfe, näherhin die Hilfe des einen Gottes, von dem sie überzeugt sind, daß er ihr Leben trägt und führt.

Von Gottes Wirken in der Geschichte des Alten und Neuen Testaments erzählt dieser frühchristliche Sarkophag.

Rechtes Bild: An der Kultstätte des Naturgottes Baal weihten die Römer den Jupitertempel in Baalbek.

Israels Glaube, daß Jahwes Sorge nicht nur dem einzelnen, sondern dem ganzen Volke gilt, hat seinen Ausdruck besonders deutlich in den Wundererzählungen gefunden, die mit dem Auszug aus Ägypten, dem Wüstenzug und der Landnahme verbunden sind: Der brennende und doch nicht verbrennende Dornbusch (Ex 3), die zehn ägyptischen Plagen (Ex 7–12), der Durchzug durch das Schilfmeer (Ex 14 f), die Manna- und Wasserspende (Ex 16 f), der Zusammenbruch der Mauern Jerichos (Jos 6) und der „Stillstand" der Sonne während des Kampfes bei Gibeon (Jos 10). Diese Wundererzählungen stehen ganz im Dienste gläubiger Geschichtsbetrachtung.

Durch sie bekennt Israel: Daß unsere Stämme befreit und geeint im fruchtbaren Land wohnen, verdanken wir letztlich nicht unserer Leistung und unserem politischen Geschick, sondern Gottes Führung und Fürsorge. Aus dieser gläubigen Deutung der Vergangenheit erwächst dem Volk die Zuversicht, daß Gott auch in der Gegenwart waltet und in Zukunft Heil schaffen wird.

Nach dem Legendenkranz, der sich um die Gestalt des Elija rankt, konnte dieser Prophet jederzeit Wunder wirken. Seine Wunderkraft bekommen auch die Polizeitruppen des Königs zu spüren (vgl. 2 Kön 1, 9–15)

Neben den Erzählungen über die Wunder der Schöpfung und Gottes Führung im Leben des einzelnen wie des Volkes begegnet uns noch eine Gruppe von Berichten anderer Art. Ich meine die „privaten" Wunder, die den Propheten Elija und Elischa zugeschrieben werden (1 und 2 Könige). Sie geschehen vorwiegend im kleinen, vertrauten Jüngerkreis. Ständig scheinen diese beiden Männer über die notwendige Wunderkraft verfügen zu können: Öl, Mehl, Brot werden vermehrt, Quellen entgiftet, schädliche Speisen bekömmlich gemacht, Polizeitruppen des Königs durch Feuer vom Himmel verzehrt, Tote erweckt und anderes mehr. Die nicht bezweifelbaren charismatischen Begabungen des Elija und Elischa haben in anekdotenhaften Erzählungen der Nachwelt einen derartigen literarischen Niederschlag gefunden. Die Bibel ist an ihnen insofern interessiert, als sich in ihnen die göttliche Legitimation und Wirkmächtigkeit des Prophetentums ausdrückt.

Gemessen an dem fast zweitausendjährigen Zeitraum der israelitischen Geschichte und am Umfang der Bücher nehmen die Wunder und Wundergeschichten im Alten Testament nur einen auffallend geringen Raum ein. Im Neuen Testament spielen sie aufs ganze gesehen eine größere Rolle. Wir finden in den neutestamentlichen Schriften Texte über Heilungen, Totenerweckungen; sogenannte „Naturwunder": Wein- und Brotwunder, Sturmstillung, Seewandel, reicher Fischfang, Verdorren des Feigenbaums

Das Neue Testament berichtet Wunder verschiedener Art.

Zwei Wunder des Neuen Testaments auf einem römischen Goldglas des 4. Jahrhunderts: Auferweckung des Lazarus und Weinspende zu Kana

und außerdem die Gruppe der „Begleitwunder": die Ereignisse im Zusammenhang mit Jesu Empfängnis, Geburt, Taufe, Verklärung, Tod, Auferstehung und Himmelfahrt. Besonders fällt auf, daß Dämonenbannungen – im Unterschied zum Alten Testament – einen zentralen Platz im Wirken Jesu haben.

Ist schon das Neue Testament im ganzen überhaupt nur auf dem Hintergrund des Alten Testamentes zu verstehen, so gilt dies in besonderer Weise für die Wunderberichte: Die Schriftsteller des Alten wie des Neuen Testamentes teilen das gleiche Weltbild, die gleiche, gläubig deutende Geschichtsbetrachtung; ähnliche und zum Teil sogar gleiche Wunder wie die Evangelien berichten schon die alttestamentlichen Überlieferungen, und wir werden überdies noch sehen, wie sehr Gestaltungsart und Aussageabsicht der neutestamentlichen Wundererzählungen in engster Beziehung zu den Texten des Alten Testamentes stehen.

Diese Sicht bietet nur das Neue Testament. Vergleichen Sie Seite 32; 45; 89; 129.

Aus der Sicht des gläubigen Christen kommt indes den Wundern des Neuen Testamentes gegenüber denen des Alten Testamentes eine besondere Eigenart zu. Sie drückt zugleich am schärfsten den Unterschied aus, der zwischen den neutestamentlichen Wundern und denen der antiken Umwelt besteht: Dem Handeln Gottes zum Heil der Menschen, wie es in Jesu Leben und in seinen Machttaten deutlich wurde, eignet *Endgültigkeit*. Auferweckung und Erhöhung Christi zeigen: Gottes Ja zum Menschen und seiner Vollendung ist endgültig, unwiderruflich. Die Vollendung des Menschen und seiner Geschichte ist in Christus schon anfanghaft verwirklicht, und die entscheidende Überwindung aller lebenbedrohenden Mächte, wofür Jesu Handeln ein Zeichen war, ist bereits geschehen. Ein derartiges Verständnis der Wunder bietet nur das Neue Testament.

Nach diesem Überblick antworten wir auf die Frage, was die Bibel als Wunder bezeichnet:

Der biblische Wunderbegriff

> *Wunder sind auffallende Ereignisse, die von glaubenden Menschen als Zeichen des Heilshandelns Gottes verstanden werden.*

Zu ihnen gehört wesenhaft die Dimension des Glaubens. Den Wundern Jesu eignet überdies der Charakter endgültiger Heilszusage und ihre anfanghafte Verwirklichung.

Die Frage, ob „Naturgesetze durchbrochen" werden, stellt die Bibel ebensowenig wie ihre Umwelt. Sie kann diese Frage gar nicht stellen, weil sie den Begriff neuzeitlicher Naturgesetzlichkeit nicht kennt. Andererseits sieht sie *alles* Geschehen im Zusammenhang mit Gottes Wirksamkeit und fürsorgender Nähe. Freilich gibt es mehr oder weniger deutliche Zeichen für die Wirksamkeit Gottes. Der biblische Wunderglaube besteht nicht schon in der Überzeugung, daß „bei Gott kein Ding unmöglich" sei. Er bekennt vielmehr, daß Gott das Heil der Menschen will, es bewirken kann und zu endgültiger Vollendung führen wird. Dafür sind die Wunder Zeichen.

4. Eine unüberbrückbare Kluft?

Zwischen der Bedeutung des Wortes „Wunder“ im heutigen Sprachgebrauch und dem, was in der Antike und in der Bibel als Wunder bezeichnet wird, besteht eine große Kluft.

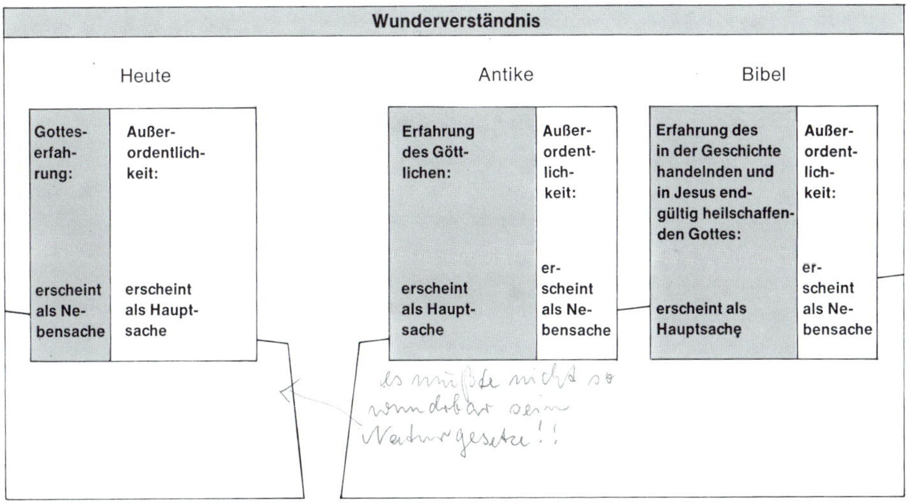

Wir haben gesehen, daß diese Kluft vor allem durch die Wandlung des Weltbildes entstanden ist. Diesen geschichtlichen Entwicklungsprozeß kann niemand rückgängig machen, und man sollte sich auch nicht über ihn hinwegtäuschen. Heißt das aber, daß wir den Wundern der Antike und der Bibel vollkommen verständnislos gegenüberstehen oder sie gar als „erledigt“ abtun müssen?

Keineswegs! Es gibt eine Brücke über diese Kluft. Sie besteht in den Texten, die uns über die Wunder berichten. Wir begegnen ja nicht den Wundern der Antike selbst, sondern immer nur Texten, die uns etwas über die Wunder sagen. Diese eigentlich selbstverständliche Einsicht wird oft nicht genügend beachtet. Sie ist aber bedeutsam und von großer Tragweite. Auch den Wundern der Bibel begegnen wir nur in der Weise, wie Menschen über sie gesprochen und geschrieben haben.

Wundergeschehen und Wunderbericht sind verschiedene Dinge.

Wie jede menschliche Aussage Teil eines Kommunikationsprozesses ist, so sind es auch die Wundertexte. In ihnen teilt jemand (Sender) jemandem (Empfänger) etwas (Inhalt) mit.

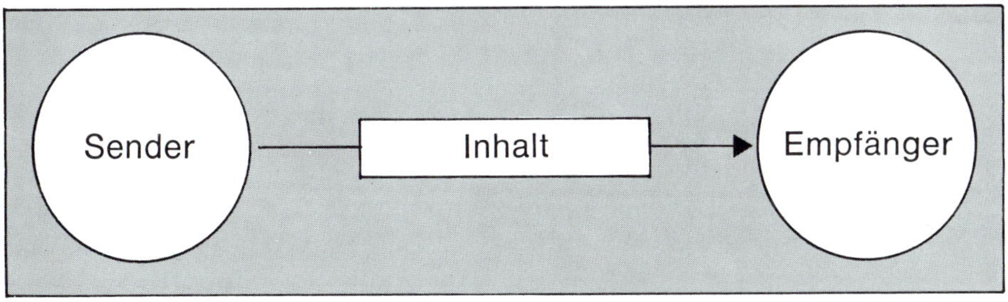

Damit der Empfänger versteht, was ihm der Sender mitteilt, muß er den *Inhalt* und die *Aussageabsicht* (Intention) erkennen. Damit der *Inhalt* erkannt werden kann, ist ein dem Sender und Empfänger gemeinsam bekanntes Mittel der Verständigung vorausgesetzt, zum Beispiel: Sprachlaute, Worte, Bild- oder Schriftzeichen.

Verstehen setzt zuerst eine gemeinsame Sprache bei den Gesprächspartnern, zwischen Leser und gedrucktem Wort voraus. Dann erfordert es aber auch Kenntnis gegenseitiger Denkstrukturen, besonderer Begriffe und der geistigen Heimat: Hans Küng und Heinz Zahrnt im ökumenischen Gespräch.

Damit die Aussageabsicht erkannt werden kann, ist oft ein ganzer Komplex von Voraussetzungen nötig, vor allem aber eine gewisse Kenntnis des Umfeldes, des Zusammenhangs, innerhalb dessen eine Aussage gemacht wird. Die Bibelwissenschaft nennt die soziale Situation, in der eine

Aussage ihren Sitz hat, den „Sitz im Leben". Für unseren Zusammenhang ist die Erkenntnis wichtig, daß der Sinn einer Aussage nur dann erfaßt ist, wenn Inhalt und Absicht erkannt werden. Vom Verstehen hängt sodann die Reaktion des Empfängers ab. Je nach Art der Aussage wird man einfache Zur-Kenntnisnahme, Zustimmung oder Ablehnung, Eingehen auf eine Bitte, Ausführung oder Verweigerung, wenn es sich um einen Auftrag handelt, erwarten. Das Gesagte sei an zwei Beispielen verdeutlicht:

Die Ziffer 50 ist ein Zeichen für einen bestimmten Zahlenwert. Ich kann diesen Zahlenwert jemand als einen Informationsinhalt mitteilen. Der Empfänger kann dies zur Kenntnis nehmen, aber er weiß damit noch nicht, was ich ihm damit sagen will. Je nach dem Zusammenhang, in dem ich ihm die Zahl mitteile, erkennt der Empfänger erst den Sinn, die Absicht meiner Mitteilung.

Kurz und gut: Ein und derselbe Inhalt erhält je nach Zusammenhang, je nach seinem „Sitz im Leben" einen anderen Aussagewert, eine andere Intention.

Oder wählen wir ein anderes Beispiel! Wenn ich zu jemand sage: „Du kommst", so ist zwar ein Inhalt, sogar ein ganzer Satz, mitgeteilt; aber welchen Sinn dieser Satz hat, mit welcher Absicht er gesagt ist, wird erst deutlich aus dem Zusammenhang und dementsprechend aus der Betonung oder den Satzzeichen, die beigefügt werden. Sie drücken die Aussageabsicht aus. Ein und derselbe Wort- und Zeichenbestand kann folgende verschiedene Sinngehalte haben:

Nur der versteht den Sinn einer Aussage, der ihren Inhalt und ihre Absicht erkannt hat.

Sage ich „fünfzig" in einer Skatrunde, so wird das bloße Nennen der Zahl als Aussage über meine Spielmöglichkeiten verstanden.

Sage ich „fünfzig" bei einer Versteigerung, so gibt das bloße Nennen der Zahl den Kaufpreis an, den ich für einen Gegenstand biete.

Die Ziffer 50 auf einem Verkehrsschild ist Hinweis auf eine bestimmte Geschwindigkeit.

Dieselbe Ziffer 50 wird an einer Tür als Bezeichnung der Hausnummer gelesen.

Erscheint dieselbe Ziffer in bekränztem Rahmen, so will sie besagen, daß hier ein Jubiläum gefeiert wird.

„Du kommst."	=	bloße feststellende Information
„Du **kommst!**"	=	Ausdruck der Freude oder strenger Befehl
„**Du** kommst!"	=	Ausdruck der Freude oder strenger Befehl, daß der **Betreffende** und nicht ein anderer kommt
„Du **kommst?**"	=	Ausdruck des Erstaunens, daß der Betreffende nicht ausbleibt, sondern **doch** kommt
„**Du** kommst?"	=	Ausdruck des Erstaunens, daß der **Betreffende** und nicht ein anderer kommt

Sie sehen, daß selbst ein bestimmtes Satzzeichen (etwa ein Ruf- oder Fragezeichen) den Sinn der Aussage noch nicht eindeutig erkennen läßt. Wir müssen darüberhinaus den Zusammenhang oder die Situation kennen.

Die soeben skizzierten Voraussetzungen müssen auch beachtet werden, wenn es um das Verständnis biblischer Texte wie etwa der Wundererzählungen geht.

Wenn wir eine Wundererzählung aus dem Mattäusevangelium hören oder lesen, so gilt Mattäus als Sender, *wir* als Empfänger, die Wundererzählung als Kommunikationsinhalt. Worin besteht aber die Intention, die Aussageabsicht?

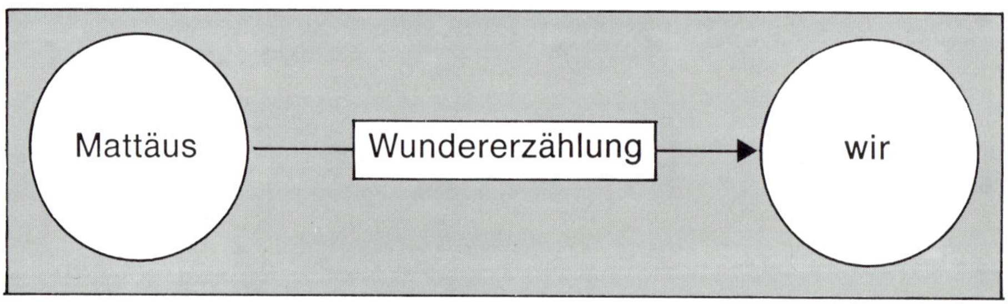

Lange hat man die biblischen Wunderberichte als reine Sachinformation mißverstanden.

Erwartet Mattäus von den Lesern seines Textes, daß sie ihn als Sachinformation zur Kenntnis nehmen und sich mit der Antwort begnügen: Ja, das und das hat Jesus damals getan? So hat man lange Zeit die Wunderberichte der Bibel verstanden. Sie galten als Texte, die in erster Linie historische Sachinformation bieten wollen über das, was irgendeinmal irgendwo geschehen ist. Ihr Empfänger reagierte auf sie fast ausschließlich mit Zustimmung oder Ablehnung. Wie ungenügend eine solche Verständnisweise ist, kann eine einfache Überlegung deutlich machen. Markus und Mattäus überliefern Berichte vom gleichen Geschehen. Doch das Erzählte unterscheidet sich. Mattäus hat Wunderberichte des Markus bewußt umgearbeitet, und das nicht aus einem historischen Interesse. Allem Anschein nach hatte er anderes im Sinn als bloße historische Sachinformation. Dafür spricht ein Zweites: Die historischen Angaben in den Wunderberichten sind völlig unzureichend. Wir erfahren kaum Namen der Personen und Orte, kaum Zeitangaben oder Näheres über den genauen Hergang des Geschehens. Die alte Sicht kann auch die Fragen nicht beantworten: Warum hat Jesus solch eigenartige Dinge getan? Und: Warum geschehen sie nicht auch heute?

Wie wäre es aber, wenn die biblischen Schriftsteller mit ihren Texten in erster Linie gar nicht über Vergangenes informieren, sondern vor allem den Blick für etwas durchaus Gegenwärtiges und Künftiges öffnen wollten, wenn sie vom Leser nicht nur Kenntnisnahme und Zustimmung sondern persönlichen Einsatz erwarteten? Den Blick für das Gegenwärtige und Künftige öffnen, das könnte bedeuten: erkennen, daß der Text von Jesus spricht, der nicht nur Kranke geheilt *hat*, sondern der als auferstandener Herr lebt und auch heute noch Heil schafft und der dafür sorgen wird, daß einmal jedes Leid Heilung finden wird. Ich kann dann nicht mehr neutral und

Die biblischen Wunderberichte sind Anfrage und Auftrag an uns, die Not mitzutragen und zu lindern.

sachlich Stellung beziehen, sondern muß mich stellen. Dann wird ein Ja oder Nein gefordert zu einer Person und den Hoffnungen, die sie mir weckt in Bezug auf mich selbst und die anderen Menschen. Ich selbst bin gefragt, wie ich über mich, über meine und meiner Mitmenschen Zukunft denke und wie ich dementsprechend mein Handeln und Verhalten einrichte. Kurz: es wäre als Reaktion engagierter Glaube erwartet, „engagiert" hieße dabei: im Einsatz für andere Menschen und eine bessere Zukunft.

Daß die Texte wirklich diese Ausrichtung haben, läßt sich – ganz abgesehen von ausdrücklichen Hinweisen einzelner Stellen – für das *Neue Testament* allgemein daran zeigen, daß die Evangelien und mit ihnen die Wundererzählungen im Glauben an den Auferstandenen geschrieben sind. Sie wollen den Anspruch des geschichtlichen Jesus von der Vergangenheit her in die Gegenwart vermitteln. Sie verkünden Christus als den in Vergangenheit, Gegenwart und Zukunft Heil schaffenden. Seine Heilsgegenwart wird dort erfahren, wo Menschen sich dem Wort des Evangeliums glaubend öffnen, die Gemeinschaft mit dem lebenden Christus in den Zeichen seiner Gegenwart (etwa in der Eucharistie und den anderen Sakramenten) suchen und sich selbst vor- und fürsorgend gegenüber menschlicher Bedürftigkeit und Not in Dienst nehmen lassen.

Auch die Berichte des Alten Testaments sind gegenwartsbezogen.

Für das *Alte Testament* läßt sich Ähnliches zeigen, nur mit dem Unterschied, daß dem Heilshandeln Gottes noch kein solcher Endgültigkeitscharakter zukommt, wie dem Handeln Gottes im Leben Jesu. Israel las zum Beispiel die Berichte über die Ereignisse des Auszugs aus Ägypten (Exodus) ebenfalls nicht in erster Linie aus Interesse an der Vergangenheit. Zur Zeit des babylonischen Exils im 6. Jahrhundert v. Chr. hören die in Babylon lebenden Judäer aus diesen Texten Gottes Heilszusage für ihre eigene Gegenwart: die Befreiung aus der neuen Gefangenschaft. Mit den Farben des ersten Exodus malt man den neuen hoffnungsvoll erwarteten Exodus aus, wobei der erste sogar noch überboten wird:

> So spricht der Herr, der einen Weg bahnte im Meer
> und einen Pfad in mächtigen Wassern . . .:
> Gedenket nicht mehr der früheren Dinge . . .
> Siehe, nun schaffe ich **Neues** . . .
> Ja, ich lege durch die Wüste einen Weg
> und Ströme durch die Einöde . . . (Jes 43, 16–19).

Erkennt man in den Texten des Alten wie des Neuen Testaments diesen so stark auf Gegenwart und Zukunft gerichteten, die Leser selbst ganz und gar mit einbeziehenden Anspruch, dann verliert die rückwärts gerichtete Frage, ob auch alles genau so geschehen sei, an Bedeutung. An ihre Stelle tritt mehr die Frage, ob der Anspruch, der an mich ergeht, Gültigkeit hat, und wenn ja, ob ich mich in Dienst nehmen lasse. Diese Frage läßt sich nicht mit den Mitteln und Methoden der Geschichtswissenschaft, also nicht

„historisch“ beantworten. Sie kann nur in der Weise beantwortet werden, daß ich mich auf den Anspruch einlasse, danach mein Handeln einrichte und so „erfahre“, ob sich die Botschaft im Einzel- wie im Gemeinschaftsleben als tragfähig erweist. Sobald man den Blick nicht auf die historische Frage einengt, sondern vor allem nach dem Sinn und der Intention einer Wundererzählung fragt, geschieht ein erster wichtiger Brückenschlag über die Kluft zwischen biblischem und modernem Wunderverständnis.

Oft mißverstanden: Das Verhältnis von Wunder und Naturgesetz

Ein weiterer Brückenschlag ergibt sich, wenn man beachtet, daß es auch nicht in der Aussageabsicht biblischer Texte liegt, naturwissenschaftliche Information zu geben. Das heißt aber zugleich: die Aussage eines biblischen Wunderberichtes kann nie in Konkurrenz zu naturwissenschaftlichen Erkenntnissen geraten. Zur Annahme, daß etwa „Naturgesetze durchbrochen“ worden seien, nötigt kein einziger Wunderbericht der Bibel. Eine derartige Ausdrucksweise ist aus zwei Gründen unangebracht[4]:

Erstens: Die „Naturgesetze“ gelten selbst den Naturwissenschaftlern nicht als so „fest“, daß man Abweichungen als ein „Durchbrechen“ bezeichnen würde. Treten meßbare Abweichungen auf, so entnimmt man ihnen vielmehr, daß die bisherige Erkenntnis noch nicht präzis genug war. Wiederholt auftretende Abweichungen führen zur Korrektur der bisher erkannten Gesetzmäßigkeit.

Zweitens: Die Erfahrungen, die den Wunderberichten zugrunde liegen, lassen sich nicht so eindeutig bestimmen, daß man die Geschehnisse als Abweichungen dessen, was im Rahmen der Naturordnung möglich ist, betrachten müßte. Das Urteil, welches Ereignis und welche Erfahrung jeweils zu der uns vorliegenden Wundererzählung geführt hat, wird erschwert durch volkstümlich gehaltene Diagnosen, Angaben nach Augenschein, mögliche Einwirkungen parapsychologischer Phänomene, orientalisch-antike Erzählweise, unterschiedliche Darstellung durch verschiedene Verfasser und die Symbolhaftigkeit mancher Aussagen. Weil das Erzählinteresse der biblischen Wundertexte eben nicht in der Genauigkeit dieser Angaben liegt, bieten sie auch kein hinreichend gesichertes Argument für die Annahme, daß etwas „gegen die Natur“ geschehen sei. Die Bibel ist auch nicht daran interessiert, zu klären, ob überhaupt etwas „gegen die Natur“ geschehen könne, sondern sie will bezeugen, daß Gott den Menschen sein Heil schenkt. Das Neue Testament antwortet zum Beispiel nicht auf die Frage, ob sich plötzlich Wasser in Wein verwandeln kann; es sagt auch nicht, Jesus habe „gegen die Natur“ gehandelt; sondern es bekennt, daß Christus „seine Herrlichkeit geoffenbart“ habe (Joh 2, 11). Das ist aber eine Aussage ganz anderer Art. Sie ist ein *Bekenntnis!* Es setzt bereits die Ostererfahrungen voraus und den Glauben, daß in Christus den Menschen wirklich das Heil geschenkt ist. Johannes verleiht dieser Wirklichkeit Ausdruck durch die Erzählung von der Hochzeit zu Kana. Sie bezeugt Wirklichkeit und hat einen Sinn, ganz unabhängig von der Frage, ob hier etwas „gegen die Natur“ geschehen sei.

Der Text vom Weinwunder zu Kana will zu einem personalen Bekenntnis, nicht zu naturwissenschaftlicher Erkenntnis führen: Elfenbeintafel aus der Kathedra des Maximian, 6. Jahrhundert.

Drei Brücken führen über die Kluft, die zwischen unserem „modernen“ Wunderverständnis und den Wundern, wie sie die Bibel bezeugt, besteht:

1. Die Einsicht, daß wir nicht den Wundern selbst, sondern immer nur Texten begegnen, die von den Wundern sprechen.

2. Die Einsicht, daß die Wundererzählungen der Bibel nicht in erster Linie ein historisches Erzählinteresse haben, sondern vor allem auf Grund des in der Vergangenheit Geschehenen den Blick für Gottes Heilshandeln in Gegenwart und Zukunft öffnen und somit zu persönlichem Engagement führen wollen.

3. Die Einsicht, daß sie nicht an naturwissenschaftlichen Aussagen interessiert sind, sondern bezeugen, daß und wie Gott Heil schafft.

Der Maler dieser Blindenheilung im Codex Egberti stellt uns in ein zeitloses Spannungsfeld, identifiziert uns mit dem Blinden und läßt uns Partei für sein Leben ergreifen. Er versteht das Wunder als Zeichen.

II. Wunder als Zeichen

Wir gehen von der Binsenwahrheit aus, daß die vier Evangelien Jesus als einen Mann schildern, der Wunder verschiedener Art gewirkt hat und an dem sich Wunder ereignet haben. Da wir den Wundern Jesu nicht unmittelbar begegnen können, sondern nur durch die Vermittlung der neutestamentlichen Zeugnisse, wenden wir uns zunächst den Textzeugnissen selbst zu. Bewußt und absichtlich stellen wir an den Anfang nicht die historische Frage: Sind die Wunder Jesu wirklich geschehen? Diese Frage ist zwar nicht unwichtig, aber sie ist nicht die einzig wichtige Frage, und außerdem kann auch sie nur dadurch beantwortet werden, daß man sich mit den Texten beschäftigt und sie zu verstehen sucht[5].

Was sagt das Neue Testament selbst zu den „Machttaten" Jesu?

Wir wollen die wesentlichen Aspekte der neutestamentlichen Botschaft von den Wundern kennenlernen. Sie können Fingerzeig sein, wie wir Menschen einer „aufgeklärten" Zeit Zugang zu einem verantworteten Wunderverständnis finden können. Für diesen Zweck bieten sich einige Texte besonders an.

1. Jesus antwortet dem Täufer

Der gesamte Sinnzusammenhang, in dem uns die Wundererzählungen entgegentreten, und der Geschehenszusammenhang, dem die „Machttaten" Jesu zugehören, werden schlaglichtartig in einer Szene[6] des Mattäusevangeliums beleuchtet:

> Johannes hörte im Gefängnis von den Taten Christi. Da schickte er seine Jünger zu ihm und ließ ihn fragen: „Bist du der Kommende, oder müssen wir auf einen anderen warten?"
> Jesus antwortete ihnen: „Geht und berichtet Johannes, was ihr hört und seht: Blinde sehen wieder, und Lahme gehen; Aussätzige werden rein, und Taube hören; Tote werden auferweckt, und den Armen wird die Heilsbotschaft verkündet. Und wohl dem, der keinen Anstoß nimmt an mir!" (Mt 11, 2–6)

Auch das Lukasevangelium überliefert die Szene, und zwar in den Hauptteilen fast wörtlich. Beide Evangelisten haben diese Erzählung aus einer gemeinsamen Quelle geschöpft. Das Markusevangelium kann in die-

Der Zusammenfluß von Inn, Donau und Ilz in Passau illustriert trefflich das Entstehen der Evangelien nach Mattäus und Lukas aus drei Überlieferungsströmen: Spruchquelle, Markusevangelium und Sondertraditionen.

sem Fall nicht die Quelle gewesen sein, da es den Text nicht enthält. Es muß also unabhängig von Markus noch eine weitere schriftliche Quelle bestanden haben, aus der Mattäus und Lukas Texte übernahmen. In der exegetischen Forschung bezeichnet man diese von Markus unabhängige, aber von Mattäus und Lukas benutzte Vorlage: die Spruchquelle Q und das soeben skizzierte Abhängigkeitsverhältnis: „Zweiquellentheorie". *Spruch*quelle heißt die Vorlage deshalb, weil sie verhältnismäßig viel Reden- und Spruchgut enthält. *Zwei*quellentheorie nennt man die skizzierte Lösung, weil sie in der begründeten Annahme besteht, daß Mattäus und Lukas den

Enstehung und Abhängigkeit der Evangelien nach Mattäus und Lukas von Markus, der Spruchquelle und Sondertraditionen – schematisch dargestellt

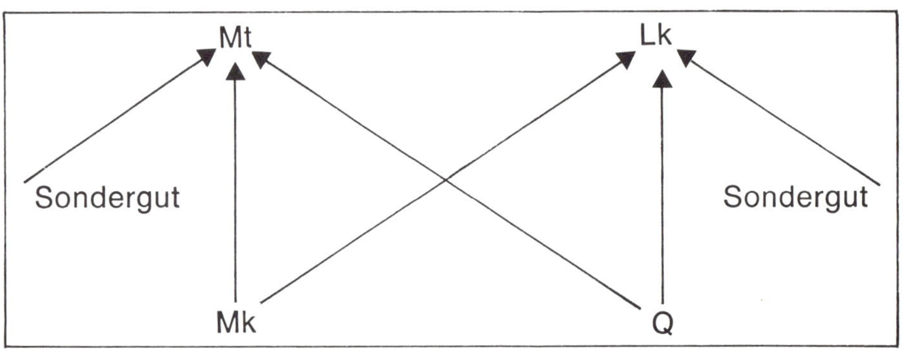

Hauptstoff für ihre Evangelien aus zwei Quellen schöpften: dem Markusevangelium und der Spruchquelle Q. Freilich nahmen außerdem beide Evangelisten auch noch Stoff aus ihnen je eigenen Sondertraditionen auf.

Die Herkunft unserer Szene aus der Spruchquelle Q ist ein erstes Anzeichen dafür, daß es sich um einen sehr alten Text handelt; denn die Quelle bestand bereits vor dem Markusevangelium. Ein weiteres Merkmal des hohen Alters ergibt sich aus dem Inhalt: Die Szene ist in einer Zeit und in Kreisen geformt, wo der Täufer noch nicht so selbstverständlich wie wir es meist annehmen als Vorläufer und Zeuge Christi galt, sondern wo die Probleme noch im Bewußtsein waren, die den Mann in der Wüste angesichts des Wirkens Jesu enorm beschäftigten und erschütterten.

Auch die Art und Weise, wie im Kern der Erzählung von Jesus und seinem Wirken geredet wird, lassen deutlich eine *sehr frühe* Formung und *Palästina* als Ursprungsort des Textes erkennen: Jesus wird nicht gefragt, ob er der „Messias", der „Herr", der „Menschensohn" oder der „Sohn Gottes" ist. Es werden also nicht die Titel und Würdenamen erfragt, die in anderen und zum Teil späteren neutestamentlichen Überlieferungen eine Rolle spielen. Da ist nur vom „Kommenden", von „Jesus" und seinem Wirken die Rede, das die Johannesjünger „hören und sehen" können. Auch lautet Jesu Antwort nicht etwa: „Ich bin der Messias!" oder ähnlich. Jesus sagt nicht einmal: „Ja, ich bin der Kommende!", sondern er verweist nur auf sein Wirken. Diese sogenannte „indirekte Christologie" ist ein Zeichen hohen Alters innerhalb der neutestamentlichen Überlieferung.

Daß Palästina der Ursprungsort des Textes ist, ergibt sich aus dem jüdisch geprägten Ausdruck „der Kommende", aus der damit verbundenen jüdischen Endzeiterwartung und schließlich daraus, daß das Wirken Jesu mit Worten und Bildern wiedergegeben wird, mit denen Jesaja die Heilszeit schildert.

Schauen wir uns nun die im Text gegebene Antwort Jesu genauer an. Sie enthält

„Blinde sehen, Lahme gehen . . ." Elfenbeintafel vom Thron des Maximian

den *Botenauftrag*, zu gehen und zu berichten
den *Inhalt*, den es auszurichten gilt: das, was die Boten sehen und hören, näherhin: Heilungen von Blinden, Lahmen, Aussätzigen, Tauben; Totenerweckungen und die Verkündigung der Heilsbotschaft;
eine *Gratulation* an die, welche keinen Anstoß nehmen an Jesus.

Jesu Antwort verweist auf sein Wirken, das man sehen, und auf seine Botschaft, die man hören kann. Der Fragende muß sich nun selbst ein Urteil bilden; Jesus nimmt es ihm nicht ab, sich selbst zu entscheiden. Hier werden Gesichtspunkte deutlich, die für das gesamte neutestamentliche Wunderverständnis von grundlegender Bedeutung sind:

2. Die Wunder Jesu sind Zeichen

Ein Zeichen ist nicht für sich selbst da, sondern weist auf etwas anderes hin. Nach dem vorliegenden Text weisen die Taten Jesu als Zeichen auf ihn hin: Johannes soll an ihnen erkennen, ob Jesus der „Kommende“ ist. Zugleich aber sollen sie darauf hinweisen, daß die Heilszeit, von der Jesaja sprach und die das Judentum seit Jahrhunderten erwartete, im gegenwärtigen Wirken Jesu anbricht. Mit ihm beginnt sich die alte Prophetie und die Sehnsucht Israels zu erfüllen, in seinem geschichtlichen Auftreten bricht Gottes Herrschaft herein. Eines der bestbezeugten Jesusworte lautet:

> „Wenn ich mit dem Finger Gottes die Dämonen austreibe,
> dann ist ja das Reich Gottes schon zu euch gekommen“ (Lk 11, 20).

Wunder sind wie Lichter in der Nacht. Sie lassen die Richtung erkennen.

Gottes Reich ist durch Jesus noch nicht vollendet, deshalb sind Leiden und Tod durch ihn nicht schon aus der Welt geschafft; aber durch ihn wurde ein für allemal Gottes Heilszusage für die Menschen ausgesprochen und in Jesu heilwirkendem Tun die endgültige Verwirklichung menschlichen Heils durch Gott eingeleitet. Deshalb haben Jesu Wunder nach dem Zeugnis der Evangelien endzeitlichen, „eschatologischen“ Charakter. Sie sind wie Lichter in der Nacht: Wenn der Scheinwerferkegel eines Autos auf einen Wegweiser fällt, erkennt man die Richtung. Diese Kenntnis leitet einen auch dann noch, wenn das angestrahlte Verkehrszeichen längst wieder in der Dunkelheit versunken ist.

Eine solche Verständnisweise des Wunders und Wundertäters begegnet außerhalb des Neuen Testamentes nirgendwo!

Als Zeichen weisen die Wunder aber nicht nur darauf hin, daß mit der Person Jesu und mit seinen Taten Gottes Herrschaft anbricht, sondern sie zeigen zugleich, welcher Art sie ist: Wo Gott seine Herrschaft ausübt, wird der Mensch „heil“. Das heißt aber nicht bloß „heil“ in einem geistigen Sinn, etwa als Vergebung von Schuld. Jesus war nicht nur „Seelsorger“. Gerade die Heilungen zeigen, wie der ganze Mensch, auch mit seiner Leiblichkeit, von Christus angenommen und heil gemacht wird. Das heißt aber wiederum nicht, daß Jesus ein Heilpraktiker, Wunderdoktor oder Begründer neuer Heilmethoden war.

3. Eng verbunden mit Jesu Botschaft

Den Boten des Täufers sagt Jesus: sie sollen melden, was sie hören und sehen. Sie werden sodann auf die Taten und die Verkündigung der Heilsbotschaft Jesu verwiesen. Jesu Wunder haben ihre volle Bedeutsamkeit nicht schon in sich selbst. Sie erhalten ihren eindeutigen, unter allen religionsgeschichtlichen „Parallelen“ unvertauschbar einmaligen Sinn erst durch sein deutendes Wort. Durch sein Wort erhellt, zeigt sich aber, daß sie

Die Taten (Zeichen-Wunder) stehen

im gleichen Dienst der Heilsverkündigung stehen und die gleiche Zielrichtung haben, wie die Predigt Jesu: Sie rufen zu Umkehr und Glauben, das heißt zu dem Sich-einlassen auf Gott, wie er in Jesus den Menschen begegnet, sie richten gerade die Menschen auf, die in der Welt am Rande stehen: die Leidenden, Schwachen, Kranken, Untüchtigen, und sie lassen erkennen, daß da einer ist, der Heil schenken kann und es will.

Wunder und Botschaft Jesu gehören eng zusammen.

Der engen Zusammengehörigkeit von Wundern und Botschaft Jesu haben die Evangelien in ihrer Darstellung immer wieder Rechnung getragen: Sie haben Worte und Taten Jesu in sinnvoller Weise einander zugeordnet. So folgen zum Beispiel bei Mattäus nach den zwei Kapiteln der Bergpredigt (5–7) zwei Kapitel über die Wunder (8–9). Bei Markus werden die Aussagen „die Zeit ist erfüllt, die Gottesherrschaft ist nahe herbeigekommen" (1, 15) und „er lehrte wie einer, der Macht hat" (1, 22) sogleich dadurch bestätigt, daß Jesus einen Dämon austreibt (1, 23–28) und Heilungen vollbringt (1, 29–34). Auch aus dem Auftrag an die Jünger: „Heilt die Kranken und verkündet: das Reich Gottes ist nahe herbeigekommen" (Lk 10, 9) geht die enge Verbindung zwischen Tat und Wort hervor. Johannes verbindet die Heilung des Gelähmten (Kap. 5), das Speisungswunder (Kap. 6), die Heilung des Blinden (Kap. 9) und die Erweckung des Lazarus (Kap. 11) jeweils mit einer Rede bzw. einem Dialog, in dem er Jesus den tieferen, nur im Glauben erfaßbaren Sinn der Zeichen erschließen läßt. Das führt zu einem weiteren Gesichtspunkt: Die Wunder als Zeichen fordern den Glauben.

4. Wunder und Glaube

Keine Beweise

Die Wunder weisen hin, aber sie beweisen nichts. Weder hatten sie im Wirken Jesu den Sinn von Beweisen, noch können und wollen heute, in einer naturwissenschaftlich stark geprägten Welt, die Zeugnisse des Neuen Testamentes einem schlüssigen Beweisverfahren dienen. „Im Sinne Jesu darf ich nicht etwa argumentieren: Jesus bringt Wirkungen hervor, die nach den uns bekannten Gesetzen und Kräften der Natur nicht erklärbar sind, ... folglich ist er der absolute, abschließende Offenbarer und Heilsmittler, ja Gott in Person – so notwendig und einsichtig wie 2 x 2 = 4 ist.

Trotz ihrer Zeugniskraft müssen die Machttaten Jesu selbst zugleich ebenso geglaubt werden wie sein diesen voraufgehendes und diese deutendes Wort von der anbrechenden Gottesherrschaft." [7]

Das ergibt sich sowohl vom Zeichencharakter her als auch von den Texten der Evangelien: Ein Zeichen erfüllt ja nur dann seinen Sinn, wenn es verstanden wird. Aber nicht jedes Zeichen wird verstanden. Ob man es versteht und als Hilfe annimmt, hängt davon ab, wie deutlich es auf die bezeichnete Sache hinweist und mit welcher Voreinstellung man es betrachtet. Man kann sich von ihm zur gemeinten Sache oder Person führen lassen. Man kann sich aber auch verschließen, sich weigern, ihm zu folgen. Beide Haltungen sind Jesus und seinen Wundern gegenüber eingenommen wor-

den: Die einen sagen: „Durch den Obersten der Dämonen treibt er die Dämonen aus" (Mk 3, 22); und die andern: „Herr, zu wem sollen wir gehen? Du hast Worte des ewigen Lebens" (Joh 6, 68). Beide Gruppen von Menschen waren Augen- und Ohrenzeugen der Geschehnisse, aber der Sinn des Geschehens erschloß sich ihnen nicht mit zwingender Notwendigkeit. Er konnte nur glaubend, im Sich-einlassen auf Jesus gefunden werden.

Betrachtet man das Verhältnis, in dem Glaube und Wunder zueinander stehen, so befremdet zunächst folgende Tatsache: In manchen Fällen wird der Glaube ganz klar als Voraussetzung gefordert, damit überhaupt ein Wunder geschehen kann. So berichtet zum Beispiel Markus: Da Jesus in seiner Heimat Nazaret keinen Glauben fand, konnte er dort kein einziges Wunder vollbringen (6, 5). Nach manchen Heilungen sagt Jesus: Dein Glaube hat dir geholfen (z. B. Mk 10, 52; Lk 17, 19). In anderen Fällen dagegen führt erst das Wunder zum Glauben. So zum Beispiel im Bericht des Mattäus über den Seewandel (14, 33).

Wie ist dieser Unterschied zu verstehen? Ist der Glaube Voraussetzung des Wunders oder bewirkt das Wunder den Glauben? Ein Satz des Markusevangeliums hilft zu einer Lösung: Als Jesus den Vater eines epileptischen Jungen auffordert, er müsse nur glauben, dann könne seinem Sohn geholfen werden, ruft der Vater: „Ich glaube, hilf meinem Unglauben!" (9, 24). Hier ist gesagt, worauf es ankommt: Glauben ist nie etwas Fertiges, zum Abschluß Gekommenes. Jesus erwartete nicht, daß man in ihm Gottes Sohn erkannte, um Hilfe zu gewähren. Er verlangte nur ein solches Sich-einlassen auf ihn, das geöffnet war, um Größeres fassen zu können – letztlich Gottes end-gültiges Heilswirken. Jesus erwartete einen Glauben, der sich durch das Zeichen weiterführen läßt. Seine Gegner besaßen diese Geöffnetheit nicht. Sie waren innerlich erstarrt, verkapselt in vorgefaßte, fertige Meinungen. Für sie waren die Wunder keine Zeichen. Sie wollten Beweise. Deshalb sagt ihnen Jesus: „Nie und nimmer wird diesem Geschlecht ein Zeichen gegeben werden" (Mk 8, 12).

Der Zeichencharakter, die nicht stringente Beweisbarkeit der Berechtigung des Anspruchs Jesu und der nur im Glauben mögliche Zugang zum Verständnis seiner Wunder bringen es freilich mit sich, daß man an Jesus und seinem in Wort und Wirken ergehenden Anspruch Anstoß nehmen kann. Daß es wirklich so ist, drückt sich am Schluß der Antwort Jesu an den Täufer aus: „Wohl dem, der keinen Anstoß nimmt an mir!" Zugleich zeigt sich daran nochmals, daß die Wunder nur – aber doch immerhin! – Hinweise sind auf ihn und auf das, was Gott durch Jesus zum Heil der Menschen wirkt und noch vorhat, und daß Jesus selbst „der Schlüssel zum Verständnis der neutestamentlichen Wunderberichte ist" [8].

Zu Seite 34: Die Wunder des Mailänder Diptychons umgeben das Kreuz auf dem Paradiesberg mit seinen vier Strömen. Bezogen auf die Mitte der erlösten Welt sind die Wunder Zeichen neuer Schöpfung.

III. Heilwunder

1. Das „Lourdes der Antike"

Wenn der Griechenlandreisende von Epidauros spricht, meint er kaum die antike Stadt im Nordosten der Halbinsel Peloponnes. Er denkt an das acht Kilometer entfernte Heiligtum, das „Lourdes der Antike". Im heiligen Bezirk wurde der Heilgott Asklepios verehrt. Sein Kult hatte sich von Trikkala in Thessalien aus weit verbreitet. Von den 300 Heiligtümern sind besonders die in Kos, Korinth, Athen und Pergamon bekannt. Bedeutendstes Zentrum der Asklepios-Verehrung aber wurde Epidauros. Im 4. Jahrhundert vor Christus errichtete der ortsansässige Architekt Theodoros den Asklepiostempel. Thrasymedes aus Paros schuf das Kultbild des thronenden Asklepios mit Stab, Schlange und Hund. Ungezählte zogen hierher, um Hilfe zu finden. Zahlreiche kehrten geheilt zurück. Von den Heilungen erzählen heute noch etwa siebzig Inschriften auf Steinplatten und eine Reihe erhaltener Votivgaben[9].

Die Texte und Votivgaben spiegeln etwas von der Vielfalt der Not, in der Menschen Hilfe suchten: Sie kamen mit Augenleiden, Lähmungen, Geschwüren, Gehör- und Sprachstörungen, Verletzungen durch Waffen und Tiere, Krankheiten der Verdauungsorgane, mit Schwangerschaftssorgen und der Bitte, Verlorenes wiederzufinden. Neben echter und oft tiefgehender Not finden sich allerdings auch recht kuriose Anliegen: Bitten um Haarwuchs, um Befreiung von Läusen, um Heilung von Kopfschmerzen, die sich aus Sorge um den Sieg in einem bevorstehenden Wettkampf eingestellt haben, um Auffindung eines Goldschatzes, um Wiederherstellung zerbrochener Becher und Salbgefäße. Außerdem sind verhältnismäßig viele Strafwunder erwähnt: Asklepios schlägt jemand mit einem Leiden, weil der betreffende ihn verspottet oder eine schuldige Weihegabe nicht entrichtet hat.

„Der Gallier Cutius gelobt' einst diese Ohren, Dir, Phoebusspröß, und weiht sie jetzt, geheilt an ihnen" heißt die Inschrift, die ein Mann zur Zeit Christi dem Asklepios in Epidauros als Dank widmete.

Zu Seite 36: Beim heiligen Bezirk des Asklepios errichtete der Architekt Polykleitos d. J. den Bau des Theaters.

Weiherelief für Asklepios, nach griechischer Mythologie Sohn des Apollon und der thessalischen Königstochter Koronis, erzogen von Chiron, im Tod erhoben zum Gott der Gesundheit und Heilkunde, zum „Retter" der Menschen.

Der Heilvorgang in den antiken Heiligtümern spielte sich meist im Traum ab oder wurde durch Weisungen bewirkt, die man von der Gottheit im Traum empfing. Das zeigt sich sehr schön auf dem Piräus-Relief. Es wurde etwa im 5. Jh. v. Chr. im Asklepiosheiligtum von Piräus bei Athen zum Dank für eine Heilung dargebracht. Asklepios, begleitet von der Heilgöttin Hygieia tritt heran, streckt seine Hände über eine Schlafende aus und scheint am Halsansatz einen Eingriff vorzunehmen. Die Angehörigen beten und stellen wohl auch die Gruppe dar, die das Weihegeschenk zum Dank dargebracht hat.

2. Zur Struktur hellenistischer Wundererzählungen

Die meisten Inschriften von Epidauros sind nach einem ganz bestimmten Formschema aufgebaut. Es läßt sich leicht aus folgenden Textbeispielen ablesen:

die meisten Wundergeschichten sind so aufgebaut (nicht alle)

Struktur	Textbeispiele		
1. Art des Leidens	Euhippos trug eine Lanzenspitze sechs Jahre lang im Kiefer.	Alketas von Halieis war blind.	Einer aus Argos, epileptisch.
2. Heilender Eingriff	Als er im Heilraum schlief, nahm ihm der Gott die Lanzenspitze heraus und gab sie ihm in die Hände.	Er sah einen Traum: Es träumte ihm, der Gott komme zu ihm und öffne mit den Fingern seine Augen. Da habe er zuerst die Bäume im Heiligtum gesehen.	Dieser sah beim Schlaf im Heiligtum ein Gesicht: Es träumte ihm, der Gott trete vor ihn hin und drücke ihm seinen Fingerring auf Mund, Nasenlöcher und Ohren.
3. Feststellung des Heilerfolgs	Als es Tag geworden war, ging er gesund heraus mit der Lanzenspitze in den Händen.	Als es Tag geworden war, kam er gesund heraus.	Und er wurde gesund.

Formschema hellenistischer Heilwundererzählungen

Die an diesen Texten abgelesene Struktur ist das Grundschema hellenistischer Heilwundererzählungen. Nach dem gleichen Formschema sind auch eine ganze Reihe neutestamentlicher Heilungserzählungen gestaltet. Ein besonders deutliches Beispiel stellt folgender Text dar[10]:

3. Die Heilung der Schwiegermutter des Petrus

> 29 Und als sie die Synagoge verlassen hatten, gingen sie sogleich in das Haus des Simon und Andreas mit Jakobus und Johannes. 30 Die Schwiegermutter Simons aber lag fieberkrank darnieder, und sogleich sprachen sie mit ihm über sie, 31 Und er trat hinzu, faßte sie bei der Hand und richtete sie auf. Da verließ sie das Fieber und sie bediente sie (Mk 1, 29–31).

hier fehlt alle Theologie (kein Menschensohn ... keine nachösterl. Verkündigung) es ist eine ganz bestimmte Frau. Hier steht wohl Historie dahinter. Trotzdem hat Mk eine Aussage gemacht: Nachfolge d. Petrus, andere will dienen, bereit f seinen Jesus.

In der Struktur gleichen sich hellenistische und neutestamentliche Heilwundererzählungen.

Der Bericht ist eine der kürzesten und in der Form klarsten Wundererzählungen des Neuen Testaments. Längst bevor Markus um 68 n. Chr. sein Evangelium schrieb, ist das Ereignis erzählt und die Erzählung geformt worden. Ihr hohes Alter läßt sich belegen. Die Fachleute nennen dafür mehrere Gründe: Ähnlich wie im Bericht von der Anfrage des Täufers fehlt

Kafarnaum, die Stadt Jesu. Vor dem Haus sehen Sie die Fundamente der frühchristlichen und byzantinischen Gedächtnisstätte „Haus des Petrus".

hier jede Spur einer entfalteten Lehre von Christus (Christologie). Keiner der „Hoheitstitel", die Jesus schon früh beigelegt werden, taucht in dieser Erzählung auf. Da ist weder vom „Messias", noch von „Christus", noch vom „Herrn" die Rede. Die Darstellung enthält auch keine besonderen theologischen Akzente. Schließlich erkennen wir kein missionarisches Verkündigungsinteresse, wie es sich etwa in der Erzählung Seite 88 findet. Andererseits enthält der Text ein Element, das so handgreiflich in keiner anderen Wundererzählung der Evangelien begegnet: Jesus heilt hier nicht „irgend jemand" oder „irgendeine sonst unbekannte Frau". Die Kranke wird vorgestellt als die Schwiegermutter des Simon. Dieser war der Erste des Zwölferkreises und einer der bekanntesten Männer für die urchristlichen Gemeinden. Kein Zweifel, daß die konkrete Angabe in unserem Text geschichtliche Erinnerung verbürgt und somit einen historisch greifbaren Haftpunkt darstellt, der bis in die Zeit Jesu zurückreicht. Der Kerninhalt der Erzählung erweist sich als geschichtlich zutreffend und als Wiedergabe eines konkreten einzelnen Ereignisses.

Geschichtlicher Kern

Der geschichtliche Kerninhalt ist aber schon früh in ein ganz bestimmtes Darstellungsschema, nämlich in die klassische Form einer hellenistischen Heilwundererzählung gekleidet worden, wie wir sie bereits kennengelernt haben:

	Struktur	Text von Epidauros	Text des Evangeliums
1.	Art des Leidens	Euhippos hat eine Lanzenspitze im Kiefer.	Die Schwiegermutter des Petrus ist fieberkrank.
2.	Heilender Eingriff	Während des Schlafes im Heilraum nimmt sie Asklepios heraus.	Jesus faßt sie bei der Hand und richtet sie auf.
3.	Feststellung des Heilerfolges	Euhippos geht gesund heraus, die Lanzenspitze in Händen.	Das Fieber verläßt sie; sie steht auf und bedient.

Ein Wunder Jesu — dargestellt in der Form einer hellenistischen Heilwundererzählung

Dieser Befund ist doppelt lehrreich: Obwohl unser Bericht von einem historisch verbürgten Ereignis handelt, ist er doch schon früh in das Formschema einer stilechten Wundererzählung gekleidet und fest geprägt worden. Das sollte uns davor bewahren, im Text nur Historie zu suchen. Andererseits gilt es zu beachten: Obwohl der Text nach einem Formschema geprägt ist, entbehrt er nicht schon deshalb einer historischen Grundlage. An dieser Beobachtung kann man gut die Grenze der Formkritik kennenlernen: Die Feststellung, daß es sich um schematische Darstellung handelt, bedeutet nicht schon, daß ein Ereignis, das uns im Sprachgewand schematischer Darstellung begegnet, in keinem Fall eine historische Grundlage hat.

Grenzen der Formkritik

Als *Markus* die Erzählung übernahm, ist mit ihr in zweifacher Hinsicht etwas geschehen: Markus hat sie in seine Evangelienschrift eingebaut und dabei ein paar Veränderungen an ihr vorgenommen. In der vormarkinischen Überlieferung konnte sie ja zu keinem Evangelium gehört haben, da Markus der Erste ist, der überhaupt ein Evangelium geschrieben hat. Er hat schließlich erstmals in der gesamten Weltliteratur die literarische Gattung „Evangelium" geschaffen. Die Einordnung in das Ganze der Evangelienschrift ist für den Sinn unserer Erzählung bedeutsam. Denn nun ist sie ein Teil von den zusammengefügten und zu einer Einheit gestalteten Texten, die Verkündigung der „Heilsbotschaft von Jesus Christus, dem Sohn Gottes" (Mk 1, 1) sein wollen und die Weg und Wirken Jesu darstellen bis hin zu Kreuz und Auferweckung. Dementsprechend ist auch Jesus in unserem Text nicht mehr nur irgendein Wundertäter, wie er in den unter gleichen Formschemata geprägten Wundererzählungen der antiken Texte sonst begegnet. Sondern er ist eben der einmalige Wundertäter, dessen Wirken ganz mit seiner Botschaft verbunden, dessen Einsatz für die Menschen und die Treue zu seinem Auftrag bis in den Tod hinein durchgehalten wurde. Näherhin hat Markus die Heilung hineingestellt in den Zusammenhang, den man überschreiben könnte: „Ein Tag des Wirkens Jesu in Kafarnaum". Den Beginn dieses Abschnitts kennzeichnet die Aussage: „Und die gingen nach Kafarnaum hinein" (Mk 1, 21). Seinen Abschluß markiert der Satz: „In der

Bearbeitung durch Markus

Frühe stand er auf und ging an einen einsamen Ort . . ." (1, 35). In diesen Rahmen ist eine ganze Reihe von Ereignissen eingefügt: Jesu Lehrtätigkeit in der Synagoge, die Vertreibung eines Dämons, die Heilung im Haus des Petrus und die Heilung vieler Kranker und Besessener am Abend. Diese Aneinanderreihung und Zuweisung der Geschehnisse an einen einzigen Tag entspricht nicht dem wirklichen Geschehensablauf, sondern ist bewußte nachträgliche Zusammenstellung einzelner Überlieferungseinheiten. Man kann es schon leicht an der Bemerkung erkennen, welche die Exorzismus-Erzählung abschließt und nun mitten in dem Abschnitt steht: „Und die Kunde von ihm verbreitete sich alsbald überallhin in die ganze Umgegend Galiläas" (Mk 1, 28). Das ist ja nicht an einem Tag geschehen.

Mit der Einordnung unserer Erzählung in diesen Zusammenhang ist auch eine enge Beziehung zu der Aussage erreicht worden: „Er lehrte wie einer, der Vollmacht hat" (1, 22). Darin drückt sich die Verbindung zwischen Wort und Wirken und ein origineller Zug des Verständnisses der Wunder Jesu aus.

Von den Änderungen, die Markus am überlieferten Textbestand vornahm, sei wenigstens eine leicht erkennbare Einzelheit genannt: Er ergänzte die Begleitpersonen Jesu, und zwar in der genauen Entsprechung zu der von Markus 1, 16–20 bereits berichteten Berufung des Petrus und Andreas, Jakobus und Johannes. Der vormarkinische Text enthielt diese Angabe der Begleitpersonen noch nicht.

Und sie diente ihnen

Akzent des Evangelisten

Wir hatten festgestellt: Die Grundstruktur des Textes entspricht durchaus dem Schema außerbiblischer antiker Wunderberichte; aber überdies schimmert durch das allgemeine Schema die historisch greifbare Konkretheit eines Einzelereignisses hindurch; der Zusammenhang mit dem Evangelium erschließt die eigentliche Tiefe dieser an sich so schlicht anmutenden Heilungserzählung. Nun gibt es einen Satz im Text, der einen eigenartigen Doppelcharakter trägt: „. . . und sie bediente sie." Einerseits gibt er sich deutlich zu erkennen als ein Formelement, wie es in außerbiblischen Texten ebenfalls begegnet: Die eingetretene Heilung soll durch die Dienstfähigkeit sofort demonstriert werden. Andererseits scheint diese Bemerkung nach Absicht des Evangelisten einen tieferen Sinn zu haben: Der Dienst dieser Frau ist ihre Antwort auf das ihr von Jesus geschenkte Erbarmen. Das Dienen ist die Form ihrer Nachfolge. Und wohlgemerkt: sie dient nicht nur Jesus, sondern allen Anwesenden! Der Dienst, zu dem Jesu Machttat befähigt, ist Dienst an den Mitmenschen. Es würde hier zu weit führen, aufzuzeigen, daß diese Pointe bereits in der Gemeinde des Markus von hoher Aktualität war: immer wieder betont er, daß es Nachfolge Jesu und Gemeinschaft mit dem auferstandenen Herrn nur in der Form verantwortungsbewußten Dienens gibt.

Lesen wir die Erzählung so, dann ist sie wirklich kein Text, der nur von „anno dazumal" berichten, unserem Verstand eine Nuß zu knacken geben oder unsere Wißbegier befriedigen will. Sie fordert uns vielmehr auf zum Dienst in Jesu Namen. Denn hat er nicht auch uns dazu befähigt? Und bedarf nicht auch unsere Welt gerade des verantwortungsbewußten Einsatzes derer, die sich an der Botschaft Jesu orientieren?

Dienst am Mitmenschen – eine notwendige, aber oft verdrängte Botschaft biblischer Wunderberichte.

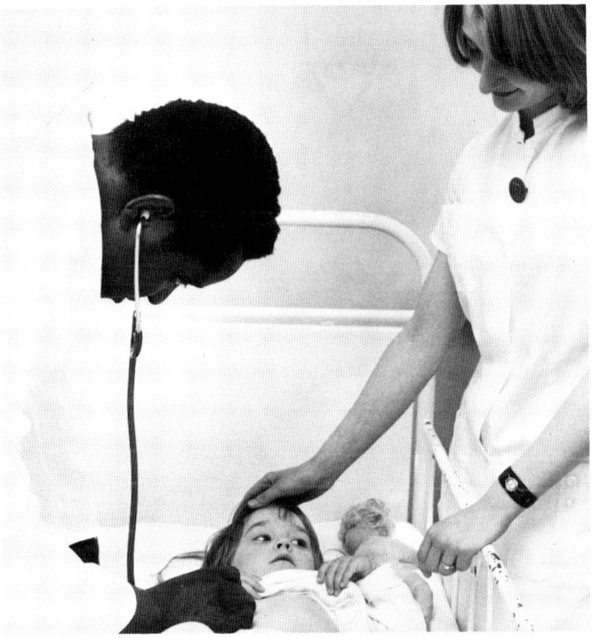

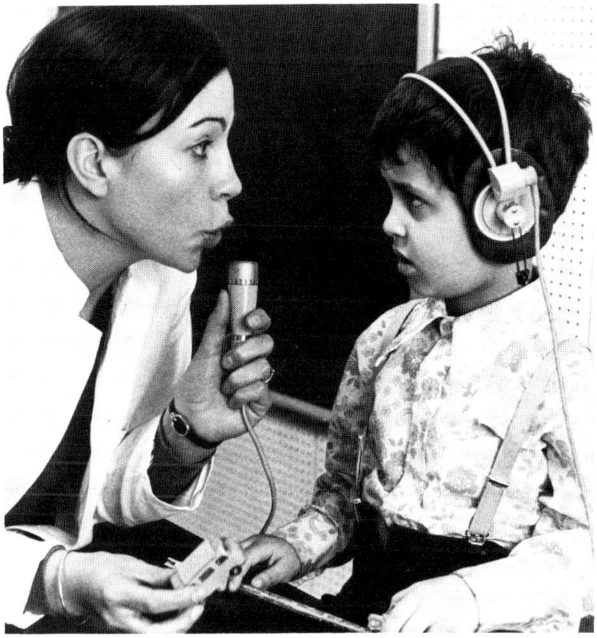

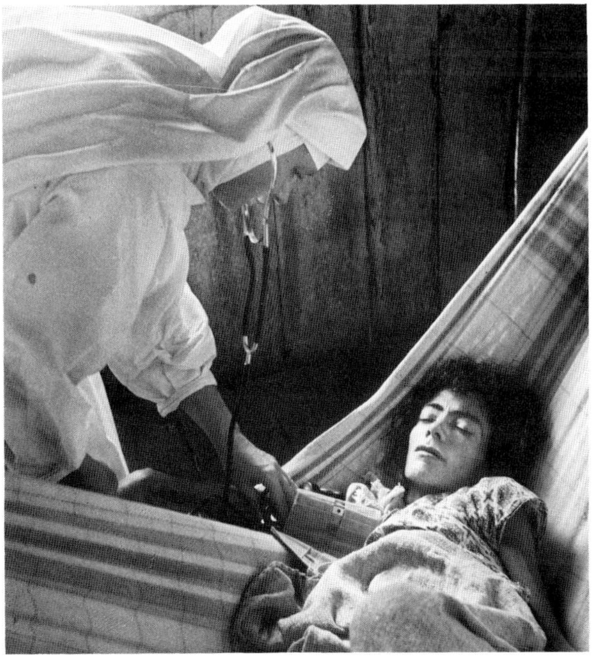

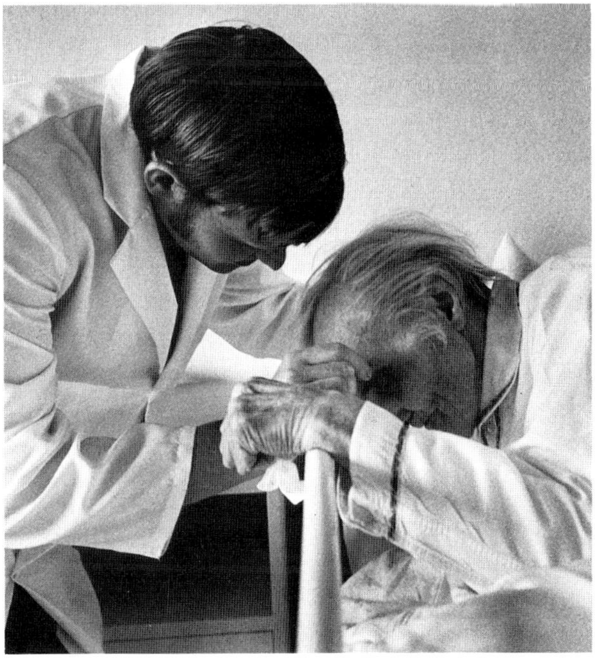

Christus und der leidende Mensch: Bearbeitung durch Mattäus

Ein Engel sagt Mattäus, was er schreiben soll. Wir beachten heute mehr die schriftstellerische Leistung des Evangelisten. Durch sie erkennen wir, was Gott uns sagen will.

Der Bericht von der Heilung der Schwiegermutter des Petrus begegnet nicht nur im Markusevangelium. Mattäus und Lukas, die beide das Markusevangelium kannten und als Vorlage benutzten, haben auch diese Heilungserzählung von dort übernommen. Es lohnt sich, die kleinen Unterschiede ihrer Darstellung gegenüber Markus zu beachten. Gerade die Unterschiede lassen ja etwas von der je spezifischen Aussageabsicht des einzelnen Evangelisten erkennen. Sie vermitteln einen Einblick in den Werdeprozeß neutestamentlicher Überlieferung.

Nach Mattäus lautet der Text:

> 14 Und Jesus ging in das Haus des Petrus und sah dessen Schwiegermutter am Fieber darniederliegen.
> 15 Da berührte er ihre Hand, und das Fieber verließ sie. Und sie stand auf und bediente ihn (Mt 8, 14–15).

Auf den ersten Blick ist erkennbar: Mattäus hat den Markus-Text gekürzt und einem anderen Zusammenhang eingeordnet. Dieser neue Zusammenhang machte das Fortlassen der markinischen Einleitung nötig: „Und als sie die Synagoge verlassen hatten . . ."; denn nach Mattäus befand sich Jesus unmittelbar vorher nicht in der Synagoge. Weiterhin läßt Mattäus fort die Erwähnung von Begleitern Jesu und daß man ihn auf die Kranke aufmerksam macht.

Absichtliche Änderungen

Man könnte vermuten, diese kleinen Unterschiede seien Zufall und weiter nicht beabsichtigt. Tatsächlich steckt Absicht dahinter. Mattäus verfährt nicht nur hier so mit seiner Vorlage, sondern auch bei der Wiedergabe anderer Wunderberichte. Was erreicht Mattäus durch diese kleinen Eingriffe? Konzentration des Berichtes auf das Wesentliche! Bei der Heilung der Schwiegermutter des Petrus ist auf jedes ablenkende Beiwerk verzichtet. Nur der heilende Herr und der heilungsbedürftige Mensch begegnen einander. Der Herr ist der allein Handelnde. Auf ihn, den heilbringenden Christus, kommt es Mattäus an. Den Glauben an ihn will er in seinem Bericht bezeugen, an ihn seine Gemeinde und uns verweisen.

Mattäus hat aber nicht nur gekürzt. Er hat in dem sich unmittelbar anschließenden „Sammelbericht" vieler Heilungen, der ebenfalls schon durch Markus vorgegeben war, eine bemerkenswerte Zufügung vorgenommen. Nach Mattäus schließt der Abschnitt mit einem Zitat:

> „Jesus heilte . . ., damit erfüllt würde, was durch den Propheten Jesaja gesprochen wurde, der sagt: Er hat unsere Leiden genommen und unsere Krankheiten getragen" (Jes 53, 4).

Matth. Erfüllungstheologie

Der Evangelist wählt aus, deutet die überkommenen Berichte und stellt sie in den Dienst seiner Aussageabsicht.

Deutlicher als in den anderen Evangelien werden hier Jesus und sein Wirken als die Erfüllung alttestamentlicher Prophetie und der Heilszusage Gottes herausgestellt. Daß in Jesu Leben sich die Heilshoffnungen Israels erfüllen, betont Mattäus in seinem gesamten Evangelium stärker als jeder andere Evangelist. Hatten wir bei Markus schon festgestellt, daß der Wundertäter Jesus im Zusammenhang mit Kreuz und Auferweckung dargestellt ist, so ist dies bei Mattäus noch deutlicher: daß man das Zitat aus Jesaja 53, das ursprünglich von Erniedrigung und Erhöhung des Gottesknechts sprach, auf Jesus anzuwenden wagte, setzt bereits den Glauben an den von den Toten auferweckten Christus voraus.

Die Vollmacht des Wortes Christi: Die Bearbeitung durch Lukas

Im Lukasevangelium lautet der Text so:

> 38 Und er brach von der Synagoge auf und ging in das Haus des Simon. Die Schwiegermutter des Simon aber war von einem heftigen Fieber ergriffen, und sie baten ihn ihretwegen.
> 39 Und er trat zu ihren Häupten und herrschte das Fieber an, da verließ es sie. Sofort aber stand sie auf und bediente sie (Lk 4, 38–39).

personifiziert Dämon theolog. Aussage: Jesus steht über den Mächten aus der Tiefe, er ist größer.

Lukas erwähnt die Begleiter nicht, weil sie – nach seinem Evangelium – erst später berufen werden. Er betont aber gegenüber Markus die Heftigkeit des Fiebers und die ausdrückliche Bitte um Heilung. Er deutet das Fieber als eine dämonische Macht, welche die Frau ergriffen hat und von Jesus, der herrscherlich zu Häupten der Kranken getreten ist, wie ein Dämon angefahren wird. Lukas ersetzt den Heilgestus des Berührens durch das machtvolle Wort Jesu.

Betont Mattäus mehr das Gegenüber zwischen dem heilenden Jesus und dem leidenden Menschen, so arbeitet Lukas stärker den Gegensatz heraus, der zwischen dem hoheitsvollen Christus mit seinem machtvollen Wort und dem Fieber als dämonischer Macht besteht, die aber vor dem Herrn ohnmächtig weichen muß.

4. Der Überlieferungsprozeß

Der Vergleich der Lukas- und Mattäusfassung mit dem Text des Markus hat gezeigt: ein und dieselbe Heilung wird unter Wahrung der gleichen Grundstruktur von den drei Evangelisten verschieden dargestellt. Der Grund liegt aber nicht etwa in zufällig verschiedener Weitergabe des Beobachteten, sondern in der ganz bewußten Gestaltungsabsicht des jeweiligen Schriftstellers.

Steigerungen

Mancherlei Umformungen der Texte lassen sich durch den gesamten mündlichen und schriftlichen Überlieferungsprozeß verfolgen. Sie lassen zuweilen auch erkennen, daß im Lauf der Überlieferung das Wunderhafte, Staunenerregende gesteigert wurde: In dem Bericht von der Heilung der gelähmten Hand heißt es beim ersten Evangelisten, bei Markus:

> „Es war dort ein Mann mit einer gelähmten Hand“ (3, 1).
>
> Lukas, der das Markusevangelium als Vorlage benutzte, schreibt:
>
> „Es war dort ein Mann, dessen *rechte* Hand gelähmt war“ (6, 6).

Das „Nazaräerevangelium", eine Schrift aus dem zweiten Jahrhundert, die aber nie von der Kirche als verbindlich anerkannt wurde, berichtet, daß der Mann in der Synagoge Jesus mit folgenden Worten um Hilfe bat:

> „Ich war Maurer und verdiente mit meinen Händen meinen Lebensunterhalt; ich bitte dich, Jesus, daß du mir die Gesundheit wieder herstellst, damit ich nicht schimpflich um Essen betteln muß." [11]

Bei der Weitergabe werden Wunderberichte umgeformt und neu gestaltet . . .

Wir sehen: ein Bericht weiß mehr als der andere; am meisten weiß der letzte und späteste. Aber er gehört nicht mehr zu den von der Kirche anerkannten Evangelien, sondern zu den sogenannten Apokryphen. Die Tendenz, die in dieser Weise der Weitergabe deutlich wird, ist Freude an konkreter Ausgestaltung, wobei im vorliegenden Fall auch der Inhalt selbst eine gewisse Steigerung erfährt: Die Wichtigkeit der Heilung nimmt von Bericht zu Bericht zu. Damit gewinnt auch die Gestalt des Wundertäters eine größere Bedeutung.

Im Laufe der mündlichen Überlieferung entstanden sogar dort Berichte von Heilwundern, wo die frühesten Erzähler gar nicht daran dachten. Ein Beispiel bietet die Szene von der Gefangennahme Jesu in Getsemani: Der älteste Bericht, der des Markus, lautet:

> „Sie aber legten Hand an ihn und ergriffen ihn. Einer aber von den Dabeistehenden zog das Schwert, schlug auf den Knecht des Hohenpriesters ein und hieb ihm das Ohr ab" (14, 46 f).

Mattäus benützte den Markustext als Vorlage und fügte hinzu:

> „. . . Da sprach Jesus zu ihm: Steck dein Schwert in die Scheide; denn alle, die zum Schwert greifen, werden durch das Schwert umkommen . . ." (26, 52).

Lukas ergänzt den Markustext ebenfalls, aber anders als Mattäus:

> „. . . und einer von ihnen schlug auf den Knecht des Hohenpriesters ein und hieb ihm das rechte Ohr ab. Da sprach Jesus: Laßt ab, nicht weiter! Und er berührte das Ohr und heilte ihn" (22, 50 f).

Nur Lukas spricht von der Heilung. Doch er berichtet nicht etwa historisch getreuer, schöpft auch nicht aus besseren Quellen. Vielmehr hat er den bei Mattäus bereits ausgedrückten Friedens- und Heilswillen Jesu in ein Geschehen umgesetzt. Er erzählt gleichsam die Aussage seiner Vorlage. Außerdem hat er eine Steigerung vorgenommen: er sagt, das Ohr sei das rechte gewesen.

Der Künstler des Amelsbürener Altars hält sich an den Bericht des Lukas: Jesus heilt den Knecht des Hohenpriesters.

Wir sprechen von Umformungen, Steigerungen, ja sogar von Neubildungen durch die erzählende Gemeinde und die Evangelisten. Daraus dürfen wir aber keineswegs folgern, die neutestamentliche Überlieferung sei unzuverlässig. Steigernde Ausgestaltungen bleiben im Neuen Testament aufs ganze gesehen in einem überschaubaren und kontrollierbaren Rahmen. Im Unterschied zu der phantasievoll wuchernden Überlieferung apokrypher Texte späterer Jahrhunderte ist im Neuen Testament eine erstaunliche Zurückhaltung festzustellen und eine Konzentration des gesamten Überlieferungsstoffes auf die Heilsbedeutsamkeit Jesu Christi. Dieser Kontrast zwischen neutestamentlicher und apokrypher Überlieferung läßt sich beispielhaft zeigen durch einen Text aus dem „Kindheitsevangelium des Thomas". Während keines der vier Evangelien des Neuen Testamentes, außer der Erzählung vom Zwölfjährigen im Tempel, auch nur ein einziges Ereignis aus der Kindheit und Jugend Jesu berichtet, entstanden in christlichen Kreisen vom 2. Jahrhundert an ganze Sammlungen erbaulicher, zum Großteil aber phantastischer Erzählungen über den Jesusknaben. Man füllte so die große Lücke der Evangelien phantasievoll aus. Eine dieser Sammlungen ist das Kindheitsevangelium, das man dem Apostel Thomas als Verfasser zuschrieb. In ihm heißt es:

... dennoch bleibt die neutestamentliche Überlieferung – im Unterschied zu den Apokryphen – zuverlässig.

Nach dem Bericht der folgenden Seite
hat Jesus tönerne Vögel zum Leben erweckt.
Diese Szene der Apokryphen
ist an der großartigen romanischen Bilderdecke
in der Kirche zu Zillis
unterschiedslos neben Wundern der Evangelien
abgebildet.

> Als dieser Knabe Jesus fünf Jahre alt geworden war, spielte er an einer Furt eines Baches; das vorbeifließende Wasser leitete er in Gruben zusammen und machte es sofort rein; mit dem bloßen Worte gebot er ihm. Er bereitete sich weichen Lehm und bildete daraus zwölf Sperlinge. Es war Sabbat, als er dies tat. Auch viele andere Kinder spielten mit ihm. Als nun ein Jude sah, was Jesus am Sabbat beim Spielen tat, ging er sogleich weg und meldete dessen Vater Joseph: „Siehe, dein Knabe ist am Bach, er hat Lehm genommen, zwölf Vögel gebildet und hat den Sabbat entweiht." Als nun Joseph an den Ort gekommen war und es gesehen hatte, da herrschte er ihn an: „Weshalb tust du am Sabbat, was man nicht tun darf?" Jesus aber klatschte in die Hände und schrie den Sperlingen zu: „Fort mit euch!" Die Sperlinge öffneten ihre Flügel und flogen mit Geschrei davon. Als aber die Juden das sahen, staunten sie, gingen weg und erzählten ihren Ältesten, was sie Jesus hatten tun sehen. (2, 1–5) [12]

Die Überlieferung sieht im Apostel Johannes den Verfasser des 4. Evangeliums. Heute weiß man, daß verschiedene Bearbeiter nacheinander an seinem Text geformt haben.

Was hat ein solches Selbsthilfewunder noch mit Jesu heilschaffender Tätigkeit zu tun, wie die Evangelien des Neuen Testamentes sie bezeugen? Der Unterschied zwischen derartigen Phantasieprodukten und den Wundererzählungen der Evangelien ist nicht zu übersehen. Um so erstaunlicher ist es, daß auch solche Überlieferungen in der christlichen Frömmigkeitsgeschichte durch Jahrhunderte hin eine Rolle gespielt haben.

Werfen wir noch einen Blick auf das *Johannesevangelium*. Dieses letzte der Evangelien wurde um 95 n. Chr. abgefaßt. Mancher seiner Berichte zeigt deutliche Steigerungen gegenüber den ersten drei Evangelien. Aber auf der anderen Seite betont kein Evangelium so nachdrücklich, daß gläubiges Verstehen der Wunder wesentlich mehr meint als äußeres Wahrnehmen eines mirakelhaften Geschehens.

Mattäus (Kapitel 8) und Lukas (Kapitel 7) berichten, daß Jesus den kranken Knecht des Hauptmanns von ferne heilt, aber doch innerhalb derselben Stadt Kafarnaum. Nach der Darstellung des Johannes (Kapitel 4) befinden sich Jesus in Kana und der Kranke in Kafarnaum, also ungefähr 30 Kilometer (!) von einander entfernt. Die Wunderhaftigkeit ist durch die Größe der Entfernung gesteigert. Zugleich enthält der Johannes-Text aber auch das jede Wundersucht tadelnde Wort Jesu: „Wenn ihr nicht Zeichen und Wunder seht, glaubt ihr nicht" (4, 48). –

Im Unterschied zu den ersten drei Evangelien stellt Johannes in der Speisungserzählung deutlich den Kontrast zwischen der geringen Menge vorhandener Speise und der hungrigen, dann aber gesättigten Menschenmenge heraus: „Für zweihundert Denare Brot reicht nicht für sie, daß jeder nur ein wenig bekommt . . . Was ist das für so viele!?" (6, 7–9). Aber die anschließende Rede Jesu wehrt auch hier ein vordergründiges Verständnis ab, das in dem Geschehen nur ein Mirakel sieht, und sie weist auf den

Zeichencharakter des Wunders hin: „Ihr sucht mich nicht, weil ihr Zeichen gesehen habt, sondern weil ihr von den Broten gegessen habt und satt geworden seid. Müht euch nicht um die Speise, die verdirbt, sondern um die Speise, die bleibt für das ewige Leben ... *Ich* bin das Brot des Lebens" (6, 27. 48). –

Die Erzählung vom Seewandel Jesu schließt bei Johannes im Unterschied zu Mk 6 und Mt 14 mit dem Satz: „Da nahmen sie Jesus mit Freuden in das Boot auf und sogleich war das Boot am Ufer, auf das sie zufuhren" (6, 21). Das Wunder des Seewandels erscheint durch die wunderbare Landung gesteigert.

Weiterführende Aufgaben

Ähnliche Beobachtungen können Sie machen, wenn Sie Joh 2, 6; 5, 5; 9, 1; 11, 17 lesen; aber beachten Sie bitte dabei auch 20, 29 und 20, 31.

Gestaltungsprozesse während der Überlieferung, so wie wir sie nun kennengelernt haben, entsprechen ganz der Art und Weise, wie in der Antike Texte weitergegeben und bearbeitet wurden. Als Beispiel aus der römischen Literatur diene der Bericht vom

Heilwunder des Kaisers Vespasian (69–79 n. Chr.)

Die römischen Geschichtsschreiber Tacitus (um 55–120 n. Chr.) und Sueton (um 75–150 n. Chr.) berichten beide ein Ereignis, das sich am Anfang der Regierungszeit des Kaisers in Alexandrien zugetragen hat[13]. Sueton kannte und benutzte die Schriften des Tacitus. Ein Vergleich beider Darstellungen zeigt die verschiedenen Akzentsetzungen beider Berichterstatter.

Porträt des Kaisers Vespasian auf einem Aureus des Jahres 76

Tacitus	**Sueton**
„In den Monaten, da Vespasian in Alexandria auf die an bestimmten Tagen einsetzenden Sommerwinde und damit auf sichere Seefahrt wartete, ereigneten sich nicht wenige Wunder, die auf die Gunst des Himmels, auf eine gewisse Zuneigung der Götter zu Vespasian deuteten.	Vespasian befand sich in Alexandrien. „Aber es fehlte ihm noch, als einem wider Erwarten auf den Thron gekommenen und zur Stunde noch neuen Herrscher, die Majestät, welche durch göttliches Zeugnis verliehen wird; auch diese ward ihm zuteil.
Ein Mann aus dem gewöhnlichen Volke Alexandrias, der durch den Verlust seines Augenlichts allgemein bekannt war, warf sich vor Vespasians Knie nieder und bat seufzend	Zwei Menschen aus dem gewöhnlichen Volk, ein Blinder und ein Lahmer, traten an ihn heran, als er auf dem Tribunal saß, und flehten ihn um Heilung an, die ihnen vom Serapis

Der Vergleich zwischen einem Wunderbericht des Tacitus und des Sueton zeigt: Überlieferungsprozesse, wie sie die Evangelienforschung heute freilegt, waren in der Antike ganz normal.

um die Heilung seiner Blindheit. Er tat es auf Weisung des Gottes Serapis hin, den das in religiöser Schwärmerei aufgehende Volk besonders verehrt. Und so flehte er denn den Fürsten an, er möge sich gnädig herablassen, ihm Wangen und Augenlider mit dem Speichel seines Mundes zu bestreichen. Ein anderer, der ein Leiden an der Hand hatte, bat auf Geheiß des gleichen Gottes den Fürsten, sie mit seiner Fußsohle zu berühren.

Vespasian fand die Sache zunächst lächerlich und lehnte ab. Als aber jene Kranken ihm weiter zusetzten, da wurde er schwankend: einerseits fürchtete er für den Fall des Mißlingens ein böses Gerede, anderseits kam er bei den beschwörenden Bitten der Kranken und den Zurufen der Schmeichler dahin, die Sache aussichtsreich zu finden. Schließlich verlangte er ein ärztliches Gutachten, ob denn eine solche Erblindung, eine derartige Gebrechlichkeit der Hand durch menschliche Hilfe heilbar seien. Die Ärzte redeten etwas zweideutig hin und her: Bei dem einen, so sagten sie, sei das Augenlicht nicht eigentlich erloschen; es werde daher wiederkehren, wenn man die Hindernisse beseitige. Bei dem anderen seien die Gliedmaßen wie verrenkt; bei Gebrauch heilkräftiger Mittel sei ein einwandfreier Zustand wie-

in einem Traumgesicht mit den Worten verheißen war: Vespasian werde dem Blinden das Augenlicht wiedergeben, wenn er die Augen mit seinem Speichel benetzen, und dem Lahmen das Bein heilen, wenn er so gnädig sein wolle, es mit seiner Ferse zu berühren.

Obschon er nun kaum daran glaubte, daß die Sache irgendeinen Erfolg haben werde, und deshalb sich nicht entschließen konnte, auch nur den Versuch zu wagen, so ließ er sich doch endlich von seinen Freunden erbitten

der herzustellen. Vielleicht liege den Göttern an der Sache, und vielleicht sei er, der Fürst, als Werkzeug der Gottheit ausersehen. Endlich falle bei erfolgreicher Anwendung des Heilmittels der Ruhm dem Fürsten zu; sollte es nicht wirken, so würde der Spott die zwei unglücklichen Geschöpfe treffen.	
Es führte also Vespasian in der Meinung, daß bei seinem Glück alles möglich sei und daß man künftig bei ihm nichts für unmöglich halten werde, mit freundlicher Miene vor den Augen der in gespannter Erwartung dastehenden Menge den Auftrag aus. Die Hand wurde sofort wieder gebrauchsfähig, dem Blinden aber leuchtete das Tageslicht von neuem.	und versuchte beides inmitten der öffentlichen Versammlung. Und siehe, der Erfolg fehlte nicht.
Beide Geschichten erzählen Augenzeugen auch jetzt noch, wo doch eine lügenhafte Darstellung keinen Gewinn mehr brächte."	Um dieselbe Zeit werden zu Tegea in Arkadien auf Angabe der Wahrsager an einem geheiligten Orte Nachgrabungen angestellt und bei denselben Gefäße von uralter Arbeit ausgegraben. Auf ihnen befand sich ein dem Vespasian völlig ähnliches Bildnis."

Auswertung des Vergleichs

Beide Autoren berichten übereinstimmend: Vespasian wird in Alexandrien von zwei Kranken aus dem Volk um Heilung gebeten. Die beiden Kranken berufen sich auf Serapis, der sie an den Kaiser verwiesen und die Handlungen angegeben hat, die er an ihnen vollziehen soll. Nach einigem Zögern entschließt sich der Kaiser zur Tat. Beide werden gesund. Die Übereinstimmungen sind so groß, daß kein Zweifel besteht: Tacitus und Sueton berichten das gleiche Ereignis.

Achten wir jetzt auf die Unterschiede! Die Krankheitsangabe des zweiten Hilfesuchenden lautet nach Tacitus: Leiden an der Hand, nach Sueton: Lähmung des Beines. Der Unterschied ist entweder durch bewußte Änderung oder durch Abhängigkeit der Autoren von zwei verschiedenen Überlieferungen zustande gekommen. Wahrscheinlicher ist das letztere: Sueton folgt mit seiner Angabe einer anderen Quelle als Tacitus. Das heißt aber zugleich: Die Krankheitsangaben über den zweiten Hilfesuchenden sind nicht so fest in der Überlieferung verankert wie die des ersten. Von hier aus erhebt sich die Frage, ob in der Erzählung vielleicht ursprünglich überhaupt nur von der Heilung des Blinden die Rede war und erst im Überlieferungsprozeß der zweite Kranke und seine Heilung eingeführt wurden. Belege für derartige, in der Überlieferung vorgenommene Doppelungen liegen auch sonst vor. Die weitverbreitete, formelhafte Ausdrucksweise „Blinde und Lahme" könnte eine solche Entwicklung gefördert haben. Wir können der Frage aber hier nicht weiter nachgehen und müssen sie offen lassen.

Ein weiterer Unterschied besteht darin, daß Tacitus kritische und wertende Zwischenbemerkungen macht und zudem das nur von ihm erwähnte ärztliche Gutachten dafür nutzt, die natürliche Heilbarkeit zu betonen. Er macht damit deutlich, wie er die Szene versteht: nicht als zwielichtig-magisches Geschehen, sondern gewirkt aus klarer, ja sogar berechnender Erwägung und dem Einsatz natürlicher Mittel. Zugleich distanziert er sich von religiöser Schwärmerei. Bei Sueton liegt eine gegenteilige Tendenz vor: Er enthält sich nicht nur der Kritik, sondern steigert den Wundercharakter noch durch Zufügung eines weiteren mirakelhaften Geschehens. Die beiden verschiedenen Tendenzen entsprechen ganz dem Unterschied, der den Werken der beiden Autoren auch sonst eignet.

Ein Beispiel für den Wunderglauben in Ägypten: Der Türhüter Ram, gefolgt von Frau und Sohn, opfert der syrischen Ischtar und bittet um die Heilung seines Beines.

Die kritische Distanz, mit der Tacitus die Erzählung behandelt, zeigt, daß sie ihm ein unbequemer Stoff war. Er bietet die Erzählung nur, weil er sie fest verankert in der Überlieferung vorfand. Nimmt man noch hinzu die Tatsache einer unabhängigen Überlieferung, wie sie durch Sueton zum Teil belegt ist, und außerdem die Schlußgedanken des Tacitus-Textes: daß sich Augenzeugen verbürgen und Lüge keinen Vorteil mehr brächte, so sollte man an der Geschichtlichkeit der Heilung eines an Augenkrankheit Leidenden (und eines weiteren Kranken?) durch Vespasian nicht zweifeln. Daß der Mann nicht blind im strengen Sinn war, läßt der ungenaue Sprachgebrauch der Antike vermuten, und Tacitus sagt es ausdrücklich.

Die Mühe schriftlicher Beantwortung der folgenden Fragen lohnt sich! Lösungen Seite 177.

Übung

Wer sich in derartige Beobachtungen an den Evangelien weiter einüben möchte, kann für sich folgende Fragen beantworten:

1. Zur Speisungserzählung Mk 8, 1–10:
   Wie viele Brote und Fische haben die Jünger?
   Wie viele Menschen aßen?
   Wie viele Körbe voll blieben übrig?

2. Zur Speisungserzählung Mk 6, 32–44:

Wie viele Brote und Fische haben die Jünger?

Wie viele Menschen aßen?

Wie viele Körbe voll blieben übrig?

3. Welche Frage stellen die Jünger Mk 8, 4?

4. Ist die Frage verständlich, wenn man bedenkt, was bereits in Mk 6, 32–44 vorausgegangen ist?

5. Könnte es sein, daß es ursprünglich nur *eine* Speisungserzählung gab und daß im Lauf der Überlieferung daraus eine Variante gebildet wurde, Markus aber beide Texte in sein Evangelium aufnahm?

Vielleicht haben Sie Bedenken gegen diese Frage. Sie sollten sie trotzdem offen überdenken!

a) Was spräche dafür?

b) Bietet diese Annahme zugleich eine Erklärung für die verschiedenen Zahlenangaben? Welche?

c) Würde bei dieser Annahme auch Mk 8, 4 verständlicher?

6. Wie viele Speisungserzählungen bieten Lukas und Johannes?

7. Zur Blindenheilung Mk 10, 46–52 und Mt 20, 29–34:

a) Um wie viele Blinde handelt es sich bei Mk?

b) Um wie viele Blinde handelt es sich bei Mt?

c) Welche Gründe sprechen dafür, daß Mattäus den Markus-Text kannte und benutzte?

d) Wie erklärt sich die Zahl der Blinden bei Mt?

8. Stellen Sie sich selbst ähnliche Fragen zu Mk 5, 1–20; Mt 8, 28–34 und zu Mk 15, 33–39; Mt 27, 50–54.

5. Typische Bauelemente: Topik

Texte von Epidauros haben uns das Strukturschema hellenistischer Wundererzählungen gezeigt. Wir konnten feststellen, daß die Erzähler von Jesu Wundertaten bereits vor der Niederschrift des Markusevangeliums dieses Schema verwendet haben. Zugleich haben wir gesehen, wie bei gleichbleibender Grundstruktur die Texte im Laufe der Überlieferung doch mancherlei Veränderungen erfahren haben. Was die Form der Texte betrifft, so achteten wir dabei nur auf die Struktur, auf das Gerüst.

Nun verhält es sich mit dem Gefüge eines Textes ähnlich wie etwa mit einem Bauwerk in der Architektur: Ein besonderer Baustil ist nicht nur an der Grundstruktur erkennbar, sondern es wollen auch immer wiederkehrende, typische Bauelemente beachtet sein.

Einzelne Bauelemente des Panthéon in Paris und der Wieskirche kennzeichnen die verschiedenen Stile.

Auch Sprachgefüge enthalten solche Bauelemente, stereotype Züge, die in einer bestimmten literarischen Gattung oft wiederkehren. Wenn ein Text mit der Wendung beginnt: „Es war einmal . . .", so weiß ich, es handelt sich um ein Märchen; beginnt er mit der Anrede: „Lieber Onkel Otto!", so

ist mir klar, es handelt sich um einen Brief. Weil diese Bauelemente jeweils ihren bestimmten Ort, griechisch: topos (Mehrzahl: topoi), haben, an dem sie immer wieder eingesetzt werden, nennt man sie selbst „Topoi" und den Bereich ihrer Verwendung „Topik". Struktur und Topik kennzeichnen den Stil einer literarischen Gattung. Die Topik der Heilwundererzählungen wollen wir nun genauer kennenlernen.

Was ist Topik?

Gerade das letzte Textbeispiel eignet sich gut als Ausgangspunkt: Vespasian heilte die Bittenden, indem er dem Blinden die Augenlider mit Speichel bestrich und die Krankheit des Gelähmten durch Berührung mit dem Fuß behob. Wir begegnen hier der näheren Angabe von Praktiken, durch welche die Heilungen zustandegekommen sind. Die Angabe derartiger Praktiken gehört zu den stereotypen Zügen, zur Topik, hellenistischer Heilungserzählungen. Die Vielfalt der Praktiken reicht von bloßen Anweisungen im Traum über die Anwendung von Bädern und Kuren und über operative Eingriffe bis hin zur Verwendung magischer Formeln. Mehrere Texte aller vier Evangelien enthalten – wohl in Abhängigkeit von dieser Topik – ebenfalls derartige Angaben. Es heißt bei der Heilung

Typische, immer wiederkehrende Bauelemente prägen den Stil der Wunderberichte.

des Aussätzigen:

Jesus „streckte seine Hand aus und berührte ihn" (Mk 1, 41)

der Schwiegermutter des Petrus:

„Da berührte er ihre Hand . . ." (Mt 8, 15)

der gekrümmten Frau:

„Er legte ihr die Hände auf . . ." (Lk 13, 13)

des von Geburt an Blinden:

„Er spie auf die Erde, machte einen Teig aus Speichel und legte den Teig dem Blinden auf die Augen" (Joh 9, 6).

Übung

Bitte lesen Sie die beiden Texte und beantworten Sie die folgenden Fragen:

Mk 7, 32–37

32 Man brachte einen Taubstummen zu Jesus mit der Bitte, ihm die Hand aufzulegen. 33 Er nahm ihn zur Seite, von der Menge weg, legte ihm die Finger in die Ohren und berührte die Zunge des Mannes mit Speichel; 34 dann blickte er zum Himmel auf, seufzte und

Mk 8, 22–26

22 Sie kamen nach Betsaida. Da brachte man einen Blinden zu ihm und bat ihn, er möge ihn berühren. 23 Er nahm den Blinden bei der Hand, führte ihn zum Dorf hinaus, bestrich seine Augen mit Speichel, legte ihm die Hände auf und fragte ihn: Siehst du etwas?

35 Feststellung des Heilerfolges

sprach zu ihm: Effata, das heißt:
Öffne dich! 35 Da öffneten
sich seine Ohren, und sogleich
löste sich die Fessel seiner
Zunge, und er konnte richtig
reden. 36 Jesus verbot ihnen,
jemand davon zu erzählen.
Doch je mehr er es ihnen ver-
bot, desto mehr machten sie es
bekannt. 37 Außer sich vor
Staunen sagten sie: Er hat alles
gut gemacht; Tauben gibt er
das Gehör und den Stummen
die Sprache.

37 Chorschluß

24 Der Mann blickte auf und
sagte: Ich sehe die Menschen;
denn ich sehe etwas umher-
gehen, das wie Bäume aus-
sieht. 25 Da legte er ihm
nochmals die Hände auf die
Augen; nun sah der Mann deut-
lich. Er war geheilt und konnte
alles ganz genau sehen.
26 Jesus schickte ihn nach
Hause und sagte: Geh aber
nicht ins Dorf hinein!

Vergleichen Sie Ihre schriftliche Antwort mit der Lösung auf Seite 177.

1. Welche Grundstruktur erkennen Sie in Mk 7 und Mk 8?

   1.

   2.

   3.

2. Ist es die gleiche wie die auf S. 39 erarbeitete?

ja	
nein	

3. Welche Elemente der Topik enthalten die beiden Texte?

4. Welche Gemeinsamkeiten bestehen zwischen den beiden Texten und der Heilungserzählung über Vespasian S. 51?

5. Welche auffallende Gemeinsamkeit besteht zwischen Mk 8 und dem Text von der Heilung des Alketas S. 39?

6. Könnten Sie erkennen, daß die beiden Texte von Jesus handeln, wenn nicht Mk 7, 32. 36 und 8, 26 der Name Jesus ausdrücklich vorkäme?

ja	
nein	

7. Mattäus und Lukas lassen Mk 7, 32–37 und 8, 22–26 aus. Welchen Grund für diese Auslassung vermuten Sie? (Bitte Zutreffendes ankreuzen)

a) Die Texte waren ihnen zu lang ☐

b) Mattäus und Lukas haben schon an anderer Stelle Taubstummen- und Blindenheilungen berichtet; sie wollten Doppelungen vermeiden ☐

c) Die Texte klangen für sie zu stark an heidnische Wundererzählungen an ☒

Die Topik, auf die wir bisher achteten, bestand in näheren Angaben über die im Heilvorgang angewandten Praktiken. Vergleicht man die neutestamentlichen Wundererzählungen mit den außerbiblischen, so zeigt sich aufs ganze, daß die neutestamentlichen Texte viel zurückhaltender mit derartigen Angaben sind. Operative Eingriffe, magische Beschwörungsformeln oder auch recht kuriose Praktiken wie Fußtritte fehlen in den Texten der Evangelien ganz.

Formelhafte Anfänge der Heilungsberichte

Bauelemente der Topik finden sich aber nicht nur im zentralen Teil der Erzählungen, sondern sie begegnen auch im Einleitungs- und Schlußteil. Die Angabe der Art des Leidens am *Anfang* der Texte ist oft verdeutlicht durch Hinweise auf die

- Ernsthaftigkeit und Dauer der Krankheit:

„Euhippos trug eine Lanzenspitze sechs Jahre im Kiefer . . .“
(siehe oben S. 39 und 41)
Jesus heilt „eine Frau, die schon zwölf Jahre an Blutungen litt . . .“
(Mk 5, 25);
einen Jungen, „der von Kindheit an“ an Epilepsie leidet (Mk 9, 21);
„eine Frau, seit achtzehn Jahren gekrümmt . . .“ (Lk 13, 11);
einen „Mann, der schon achtunddreißig Jahre krank ist . . .“
(Joh 5, 5).

Die Schwere des Leidens kann auch gekennzeichnet werden durch den Hinweis auf die Erfolglosigkeit ärztlicher Bemühungen:

„Eine Frau, . . . die schon viel gequält worden war von vielen Ärzten und ihr ganzes Vermögen aufgewendet hatte ohne Erfolg" wird durch Jesus von ihren Blutungen geheilt (Mk 5, 26).

Typische Bauelemente am Schluß einer Wundererzählung

Zur Topik im *Schlußteil* der Erzählungen gehört:

- die Betonung des sofortigen Eintretens des Heilerfolgs:
  „Die Hand wurde sofort wieder gebrauchsfähig . . ."
  (Tacitus, siehe oben S. 53)
  „Und sofort wich der Aussatz von ihm . . ." (Mk 1, 42)
  „Und sogleich konnte er wieder sehen . . ." (Mk 10, 52)
  „Und von dieser Stunde an war die Frau geheilt . . ." (Mt 9, 22)
  „Der Gelähmte stand sofort auf . . ." (Lk 5, 25)
  „Im gleichen Augenblick richtete sich die Gekrümmte auf . . ." (Lk 13, 13)
  „Sofort wurde der Mann gesund . . ." (Joh 5, 9);
- der Beweis der eingetretenen Heilung, etwa
  durch Vorweisen des entfernten Fremdkörpers:
  „Euhippos . . . ging gesund heraus mit der Lanzenspitze in den Händen" (siehe oben S. 39 und 41);
  durch den Gebrauch der vorher kranken Glieder:
  Der vorher blinde Alketas „sah . . . die Bäume im Heiligtum . . ." (siehe oben S. 39)
  „Da verließ sie das Fieber, und sie bediente sie" (Mk 1, 31)
  „Da streckte der Mann die (vorher gelähmte) Hand aus . . ." (Mk 3, 5)
  „Der Blinde sah nun alles ganz deutlich . . ." (Mk 8, 26)
  „Und sogleich konnte er wieder sehen . . ." (Mk 10, 52);
  durch Forttragen der Bahre:
  „Da stand der Gelähmte auf, nahm seine Bahre und ging sogleich vor aller Augen weg . . ." (Mk 2, 12)
  „Er nahm seine Bahre und ging umher . . ." (Joh 5, 9).

Ein Inschriftentext von Epidauros enthält den letztgenannten Topos in besonders deutlicher Form:

Hermodikos von Lampsakos, am Körper gelähmt. Diesen heilte Asklepios, als er im Heilraum schlief, und er befahl ihm, wenn er herauskomme, einen Stein in das Heiligtum zu bringen, den größten, den er könne. Da brachte er den, der jetzt vor dem Heiligtum liegt.

Daß ein von Lähmung Geheilter zur Demonstration der wirklich geschehenen Heilung seine Bahre oder irgendeinen schweren Gegenstand trägt, ist einerseits glaubhaft, andererseits aber ein so verbreitetes Erzählmotiv, daß es nicht in jedem Fall ein geschichtliches Ereignis verbürgt. Sicher aber ist, daß ein sieben Zentner schwerer Stein, den man seit dem 3. Jahrhundert v. Chr. in Epidauros als Demonstrationsmittel am Tempel vorwies, nicht auf die Weise an seinen Platz kam, wie es unser Text berichtet. Das Umgekehrte dürfte wahrscheinlicher sein: Der bereits vorhandene Stein gab Anlaß, die Demonstration einer erfolgten Heilung anschaulich auszumalen. Eine derartige Erzählform nennt man Ätiologie: Sie gibt den Grund (griechisch: aitia) für das Vorhandensein von etwas an.

Struktur und Topik kennzeichnen den Stil einer Wundererzählung. Wir richteten bisher unser Augenmerk nur auf Texte, die in besonderer Formklarheit den Stil hellenistischer Heilwundererzählungen repräsentieren. Eine derartige Formklarheit liegt aber längst nicht immer vor. Schon die Heilung durch Vespasian fanden wir in einer Erzählform geboten, die das strenge Formschema sprengte. Vor allem aber bieten die Evangelien nicht

Eine Ätiologie erzählt, warum vor dem Tempel des Asklepios ein riesengroßer Stein liegt: Der geheilte Hermodikos hat ihn herangeschafft.

Wie man ein Wunder zu erzählen hatte, lernten die biblischen Schriftsteller von ihrer Umwelt. Sie schufen also auch eigene Formen.

alle Heilwunder in der Form des hellenistischen Darstellungsschemas. Wir wenden uns deshalb nun einem Text zu, der zwar ursprünglich nach diesem Schema angelegt war, dann aber durch Einbeziehung eines anderen Darstellungsmusters erweitert wurde und jetzt in einer Mischform vorliegt. Selbstverständlich kommt es uns bei der Erarbeitung des Textes nicht nur auf die formalen Gesichtspunkte an, sondern vor allem auf die Erschließung seiner Botschaft.

6. Die Heilung des Gelähmten und die Vergebung der Sünden

Der Wunderbericht von der Heilung des Gelähmten ist eine Mischform: hellenistisch geformte Heilwundererzählung + Bericht einer Debatte.

1 Und als er einige Tage später wieder nach Kafarnaum kam,
wurde bekannt, daß er dort in einem Hause sei. 2 Da strömten
viele zusammen, so daß der Platz nicht mehr reichte, auch nicht
vor der Tür; und er richtete das Wort an sie. 3 Da brachte man
einen Gelähmten zu ihm, der von vier Männern getragen wurde.
4 Und als sie ihn wegen der Volksmenge nicht zu ihm hinbringen
konnten, deckten sie das Dach dort, wo er war, ab, gruben es
durch und ließen die Bahre hinab, auf welcher der Gelähmte lag.
5 Und als Jesus ihren Glauben sah, sprach er zu dem Gelähmten:
Kind, deine Sünden sind vergeben.

6 Es saßen aber dort einige Schriftgelehrte und dachten im
stillen: 7 Wie kann der so reden? Er lästert! Wer kann
Sünden vergeben außer Gott allein? 8 Und sogleich er-
kannte Jesus in seinem Geiste, daß sie so bei sich dachten,
und sprach zu ihnen: Was denkt ihr so in euren Herzen?
9 Was ist leichter: zu dem Gelähmten zu sagen: Deine
Sünden sind vergeben, oder zu sagen: Steh auf, nimm
deine Bahre und geh umher? 10 Damit ihr aber wißt, daß
der Menschensohn Vollmacht hat, auf Erden Sünden zu
vergeben – sprach er zu dem Gelähmten: 11 Ich sage dir:
Steh auf, nimm deine Bahre und geh nach Hause. 12 Da stand
dieser auf, nahm sofort seine Bahre und ging vor aller Augen
weg, so daß alle außer sich gerieten und Gott priesen, indem
sie sprachen: So etwas haben wir noch nie gesehen (Mk 2, 1–12).[14]

Hier wurde eine Heilungserzählung durch eine Debatte um die Vollmacht der Sündenvergebung erweitert. Dies ergibt sich aus folgenden Beobachtungen:

1. Die Verse 1–5. 11–12 weisen den geschlossenen Erzählzusammenhang einer Wundergeschichte mit allen notwendigen Elementen der Struktur und Topik auf.

2. Die Erzählung schließt stilgerecht mit Feststellung des Heilerfolgs und Demonstration. Auf die Sündenvergebung wird dabei mit keinem Wort eingegangen, und es fehlt vollkommen die Reaktion der Gegner Jesu. Haben etwa auch sie in den Lobpreis Gottes eingestimmt? Der Schluß der Erzählung nach Markus hat keine Verbindung zum Mittelteil. Das hat auch Matthäus schon gesehen und diesem Mangel abbeholfen. Nach ihm schließt der Text mit dem Satz:

> „Als aber die Volksmenge das sah, geriet sie in Furcht und pries Gott, der den Menschen solche Vollmacht gegeben hat" (Mt 9, 8).

3. Wo die Heilungserzählung unterbrochen und weitergeführt wird, zeigen sich deutliche „Nahtstellen": In Vers 6 treten die Gegner Jesu, ohne daß sie in der Einleitung erwähnt worden sind, unvermittelt auf; in Vers 10 wird die Richtung der Rede Jesu umgebogen: sie richtet sich erst an die Gegner, dann an den Gelähmten.

4. Im jetzt vorliegenden Zusammenhang hat die Heilung den Charakter eines Schau- und Demonstrationswunders, das den Gegnern Jesu seine Vollmacht erweisen soll. Jesus selbst lehnte aber *derartige* Wunder ab (Mk 8), und die ältesten Schichten der Evangelien wie etwa die Spruchquelle Q spiegeln die gleiche Zurückhaltung. Sie nennen so etwas: „Versuchung" (Mt 4; Lk 4).

Zur Spruchquelle Q finden Sie Genaueres auf den Seiten 30 und 31.

Die genannten Gründe lassen erkennen: Die geschilderte Szene stellt weder historisch noch literarisch eine Einheit dar.

Schwieriger als die Frage nach der ursprünglichen Einheit der Erzählung ist das Problem zu beantworten, ob das Sündenvergebungswort Jesu (V. 5) bereits zur Heilungserzählung gehörte. Mir scheint dies wahrscheinlich. Dieser Annahme steht zwar die Schwierigkeit entgegen, daß Sündenvergebung in einer stilechten Wundererzählung ein fremdes Element ist und daß das Vergebungswort so unvermittelt gesprochen wird, wie wir es nicht erwarten würden. Aber im Judentum zur Zeit Jesu war man von einem engen Zusammenhang zwischen Sünde und Krankheit überzeugt. Daher scheint die Zugehörigkeit des Vergebungswortes zum ältesten Stadium der Erzählung, ja sogar zur ursprünglichen Situation im Leben Jesu nicht unmöglich. Es läßt sich auch leichter verstehen, daß ein bereits im Text vorhandenes Vergebungswort Anlaß und Ansatz bot für die spätere Erweiterung in Gestalt der Vollmachtsdebatte, als daß – verhältnismäßig unmotiviert – das Vergebungswort selbst erst eingefügt werden mußte. Außerdem weist der Anfang von Vers 6 mit der Einführung der Gegner Jesu eher auf einen Neuansatz und somit auf eine „Nahtstelle" hin als etwa Vers 5. Wir setzen also im folgenden voraus, daß es ursprünglich eine Heilungserzählung gab, die zwar das Vergebungswort, aber noch nicht die Vollmachtsdebatte (V. 6–10) enthielt.

Das Vergebungswort gehörte wohl zur ältesten Textgestalt.

Dr. Kerschensteiner glaubt das nicht. Spruchquelle weiß davon nichts (aus eigener Kraft Sünden vergeben) ... steht in der Spruchquelle

Welchen Aussagesinn und welchen „Sitz im Leben" hatte diese ältere Erzählgestalt? Über die schematische Erzählweise einer hellenistischen

In der Praxis der Urkirche war Sündenvergebung i. Namen Jesu üblich, darum wird es Jesus in den Mund gelegt.

Noch heute begegnen uns in arabischen Ländern Häuser mit Lehmdächern. Das Dach bilden Zweige, über die eine Schicht Lehm gestrichen oder gewalzt wurde.

Wundergeschichte hinaus enthält sie drei Besonderheiten: die Betonung des Glaubens, die Sündenvergebung und im „Chorschluß" den Lobpreis Gottes. Alle drei Besonderheiten lassen etwas aufleuchten von der Einmaligkeit, die den Wundern Jesu trotz aller Ähnlichkeit mit anderen „Wundern" eignet und die in den neutestamentlichen Zeugnissen ihren unverwechselbaren Niederschlag gefunden hat.

Die Größe des Glaubens wird dargestellt durch das ganz ungewöhnliche und einfallsreiche Vorgehen, trotz der Hindernisse von Menschen doch zu Jesus zu gelangen. Glaube erweist sich hier als vertrauensvolles Kommen und entschlossenes Handeln trotz widriger Umstände. In der Originalität dieses Erzählzuges liegt vielleicht ein Hinweis auf ein so geschehenes Einzelereignis im Leben Jesu. Mindestens ist sie aber ein Indiz für die Entstehung der Erzählung in Palästina, wo das Abdecken des flachen Daches und das Durchgraben der Lehmschicht ganz der Bauweise der Häuser entspricht. Lukas, dem diese Bauweise nicht vertraut war, ersetzt die Angabe durch das Abdecken von „Ziegeln" (Lk 5, 19). Die Sündenvergebung macht deutlich, daß Jesus den Menschen, der so zu ihm kommt, von der Wurzel her zu heilen vermag. Das Heilwerden des ganzen Menschen ist zwar in allen Heilwundererzählungen gemeint, aber hier deutlicher ausgedrückt.

Der Lobpreis richtet sich nicht direkt auf den Wundertäter, sondern auf Gott, der im Wirken Jesu seine Heilssorge erweist. Das ist – im großen Unterschied zum heidnischen Götterglauben – ein Bekenntnis zu dem einen

Gott Israels. Aber auch über den jüdischen Gottesglauben geht die Aussage hinaus, und zwar insofern, als sie sich zu Gott im Wirken Jesu bekennt.

Die Erzählung dürfte also in einer Christengemeinde Palästinas unter Einfluß hellenistischer Strukturelemente geformt worden sein und das gläubige Bekenntnis zum Ausdruck bringen, daß Gott durch Jesu Wirken sich mehr als jemals sonst der leiblichen Gebrechen angenommen und den Menschen von der Wurzel her Heil ermöglicht hat. Der Schlußsatz „so etwas haben wir noch nie gesehen" läßt annehmen, daß die Sprecher als Menschen gedacht sind, die um andere Wundertäter wußten. Im Vergleich zu ihnen wird die Größe und Besonderheit des Wirkens Jesu herausgestellt. Vielleicht kann man in dieser Aussage ein Anzeichen dafür sehen, daß die Erzählung nicht nur der gemeinde-internen Unterweisung diente, sondern auch für den werbend missionarischen Einsatz geformt worden war.

Die Erweiterung der Erzählung setzt urchristliche Kreise voraus, die ein Interesse an der Vollmacht der Sündenvergebung hatten: Wer kann Sünden vergeben (V. 7), und zwar auf Erden (V. 10)? Es müssen also Gemeinden gewesen sein, in deren Mitte Sündenvergebung geschah und die – durch gegnerische Umwelt (V. 7) in Frage gestellt – mit dem Verweis auf Jesu Vollmacht begründet und verteidigt wurde. Diese Voraussetzungen sind geschichtlich gut belegt: Bereits im frühesten Urchristentum gab es Sündenvergebung, mindestens in Form der Taufe; daß das Judentum an der in Jesu Vollmacht wurzelnden Vergebung Anstoß nahm, ist sofort verständlich, wenn man bedenkt, daß nach rabbinischer Lehre die Sündenvergebung ausschließliches Recht Gottes war und man nicht einmal annahm, daß der Messias diese Vollmacht haben würde. Daß die soeben skizzierten Hintergründe im Urchristentum vorhanden waren und zur Erweiterung geführt haben, wird besonders deutlich in der Formulierung des Mattäus: „die Volksmenge . . . pries Gott, der den Menschen solche Vollmacht gegeben hat" (9, 8). In aller wünschenswerten Deutlichkeit tritt hier offen zutage, wie sehr die Gemeinden beim Formen und Überliefern unseres Textes die Vollmacht Jesu in Verbindung brachten mit der Praxis und Legitimation der Sündenvergebung in ihrer Mitte. Das Kapitel 18 des Mattäusevangeliums zeigt dann ausführlicher, welche zentrale Bedeutung innerhalb christlichen Gemeindelebens der gegenseitigen Vergebung zukommt.

Der Einschub über die Vollmacht der Sündenvergebung widerspiegelt eine Streitfrage aus der Zeit der jungen Kirche.

Die Wundererzählung von der Heilung des Gelähmten und der Vergebung seiner Sünden begegnet uns in den Evangelien nicht als Text, der den Blick nur in die Vergangenheit richten will. Er ist ein Impuls für den Einsatz und das Verhalten eines jeden Christen und der Kirche insgesamt, die helfende und verzeihende Macht Jesu zu bezeugen und die Menschen unserer Zeit erfahren zu lassen. Er will aber auch einladen zum Lob Gottes, der durch Christus den Menschen sein Heil erwiesen und sie dadurch zum Dienst für eine menschenwürdigere Welt befähigt hat.

Merken wir, wie wenig der Text „verstanden" wäre, wenn man „erklärt" hätte, wie die Heilung geschehen ist oder wenn man sagen könnte: „in Wirklichkeit war es ja so und so . . ."?

7. Die Heilung der gelähmten Hand am Sabbat

Außer der stilechten Heilwundererzählung und ihrer Mischform lernen wir nun einen weiteren Typ von Heilungsberichten kennen: das Apophthegma. = Streitgespräch

S. 69 Frage d. Sabbatruhe

Der vorige Text stellte sich dar als eine stilechte Wundergeschichte, die durch Hinzufügung der Frage um die Vollmacht der Sündenvergebung zu einer Mischform geworden ist. Der Einschub gipfelte in der Aussage, „daß der Menschensohn Vollmacht hat, auf Erden Sünden zu vergeben". Nun gibt es aber auch Heilungsberichte, in denen von vornherein ein bedeutsames Wort so im Mittelpunkt steht, daß dadurch eine ganz eigene Stilform der Wundererzählungen entstanden ist. Der folgende Text ist ein Beispiel dafür[15]:

Mk 3, 1–6	**Mt 12, 9–14**
1 Und er ging wieder einmal in eine Synagoge. Und es war dort ein Mann mit einer gelähmten Hand. 2 Und sie beobachteten Jesus, ob er ihn am Sabbat heilen werde, um ihn anklagen zu können. 3 Und er sprach zu dem Mann mit der gelähmten Hand: Steh auf und tritt in die Mitte!	9 Und er ging von dort weiter und kam in ihre Synagoge. 10 Und siehe, da war ein Mann mit einer gelähmten Hand. Und sie fragten Jesus: Darf man am Sabbat heilen?, um ihn anklagen zu können.
	11 Er aber sprach zu ihnen: Wer von euch, der ein einziges Schaf besitzt, wird es nicht, wenn es am Sabbat in eine Grube fällt, ergreifen und herausziehen? 12 Wieviel mehr wert ist nun ein Mensch als ein Schaf! (typ. Mt f. Juden-christen)
4 Und er sprach zu ihnen: Darf man am Sabbat Gutes tun statt Böses, ein Leben retten, statt es zugrunde gehen lassen? Sie aber schwiegen. 5 Und er schaute sie ringsherum an, voll Zorn und Trauer über die Verhärtung ihres Herzens	Deshalb darf man am Sabbat Gutes tun.
und sprach zu dem Mann: Streck deine Hand aus! Da streckte er sie aus, und seine Hand war wieder hergestellt.	13 Dann sprach er zu dem Mann: Streck deine Hand aus! Da streckte er sie aus, und sie war wieder hergestellt, gesund wie die andere.

Die Synagoge in Kafarnaum, die von den Archäologen freigelegt und restauriert wurde, stammt aus byzantinischer Zeit.

6 Und die Pharisäer gingen hinaus und berieten sich alsbald mit den Herodianern gegen ihn, um ihn umzubringen.	14 Die Pharisäer aber gingen hinaus und faßten einen Beschluß gegen ihn, um ihn umzubringen.

Der Text ist in den Evangelien dreifach überliefert. Für unseren Zweck genügen aber die Fassungen bei Markus und Mattäus. Sofort fällt auf, daß bereits der Mk-Text Elemente enthält, die im Schema der stilgerechten hellenistischen Wundergeschichte nicht begegneten: V. 2 werden Leute genannt, die Jesus beobachten, ob er am Sabbat heile; V. 4 artikuliert Jesus die vorher unausgesprochene Streitfrage; die Gegner reagieren mit Schweigen; V. 5 heilt Jesus voll Zorn und Trauer über die Grundhaltung der Gegner die Hand, und V. 6 berichtet von ihrem Tötungsplan. Die Erzählung ist beherrscht von der Auseinandersetzung Jesu mit seinen Gegnern. In ihrem Mittelpunkt steht ein Wort Jesu (V. 4).

Eine Erzählung, die in einem gewichtigen Ausspruch, einer sentenzartigen Frage oder Antwort ihren Sinngipfel hat, nennt man Apophthegma.

Was ist ein Apophthegma?

Die Bezeichnung ist nichts anderes als das griechische Wort für „Ausspruch". Das Geschehen, dem der Ausspruch zugeordnet ist, stellt sozusagen nur den Rahmen für den Spruch dar. Die Literaturform des Apophthegmas ist im heidnischen, jüdischen und christlichen Altertum vielfach belegt, und es gab bereits in vorchristlicher Zeit Sammlungen von Apophthegmen berühmter Persönlichkeiten. Es handelt sich im vorliegenden Fall also nicht um eine eigentliche Wundergeschichte, sondern um ein Apophthegma. Diese formkritische Erkenntnis wird für die Frage nach dem Sinn der Erzählung noch von Bedeutung sein.

In der Forschung hat man immer wieder gefragt, ob es sich vielleicht ursprünglich um eine stilechte Wundergeschichte handelte, mit der erst später das Wort Jesu und die Situation der Auseinandersetzung verbunden worden seien. Aber das ist nicht anzunehmen. Denn das Jesus-Wort V. 4 ist

Kennzeichnend für die Form der rabbinischen Lehrgespräche sind Frage und Gegenfrage.

zu eng mit der Erzählung insgesamt verflochten. Näherhin stellt es ja eine Antwort in Form einer Gegenfrage dar. Es antwortet auf den in V. 2 unausgesprochen erhobenen Vorwurf. Bei Mattäus ist dieser Vorwurf ausdrücklich artikuliert und das Problem, auf das Jesus antwortet, deutlich genannt. Außerdem hat Mattäus die Antwort Jesu durch ein Bildwort erweitert. Dieses hatte in den historisch nicht zu bezweifelnden Auseinandersetzungen Jesu mit den Theologen Israels um das richtige Gesetzes- und Sabbatverständnis seinen ursprünglichen Platz. Im Laufe urchristlicher Überlieferung ist es dann mit verschiedenen Einzelszenen in Zusammenhang gebracht worden. Bei Lukas begegnet es zum Beispiel nicht in der Erzählung von der Heilung der gelähmten Hand, sondern in einem Text des lukanischen Sondergutes, der die Heilung eines Wassersüchtigen berichtet (Kap. 14).

Gegenfragen zu stellen und Bildworte zu verwenden war eine typische Form der Argumentation in den Lehrgesprächen der Rabbinen untereinander und in ihren Streitgesprächen mit Gegnern. Dafür wenigstens *ein* Beispiel: Ein Mann beanstandete, daß Gott das Gebot der Sabbatruhe gegeben habe, aber dennoch am Sabbat wirke. Darauf antworteten die Rabbinen mit der Gegenfrage: „Darf man nicht am Sabbat im eigenen Gehöft etwas tragen?" Er antwortete: „Ja." Sie entgegneten mit einem Bildwort: „Die obere und die untere Welt sind doch das Gehöft Gottes!" [16]

Diese formalen Beobachtungen lassen bereits vermuten, daß unsere apophthegmatische Erzählung ihre erste Formung in palästinensisch-jüdischem Milieu erhalten hat; da sie überdies aber an Jesus interessiert ist, ihn als Heilbringer verkündet und bereits seinen gewaltsamen Tod mit im Blick hat, erweist sie sich als eine Erzählung, deren Grundstock im Judenchristentum Palästinas geformt wurde. Das wird bestätigt durch den Inhalt.

Die Frage der Sabbatruhe – zum Hintergrund unserer Heilungsgeschichte

Worin besteht die Auseinandersetzung Jesu mit seinen Gegnern nach unserem Text und was bedeutet sie im Zusammenhang der *Wunder*erzählung? Uns mag heute die Gegenfrage Jesu, ob man am Sabbat Gutes tun darf statt Böses, absurd erscheinen. Sie war aber im Judentum zur Zeit Jesu von hoher Aktualität. Das Einhalten der Sabbatruhe wurde so streng gefordert, daß zum Beispiel ein Arzt nur bei Todesgefahr einen Kranken behandeln durfte, ansonsten war die Tat „böse". Mit derartigen Auffassungen hatte sich das Judentum vom ursprünglichen Sinn der Sabbatfeier sehr weit entfernt: Stufenweise war die völlige Umkehrung geschehen: In ältester Zeit war der Sabbat nach dem Zeugnis des „Bundesbuches" (etwa 9. Jahrhundert v. Chr.) ein angenehmer Ruhetag für Mensch und Tier (Ex 23) und ein Tag freudigen Feierns. Während des babylonischen Exils im 6. Jahrhundert v. Chr. wurde er zu einem „Zeichen" des Bekenntnisses und der Unterscheidung Israels von seiner Umwelt. Das Nicht-halten des Sabbats galt als Abfall von Israels Glauben und sollte deshalb mit dem Tode bestraft werden (Ex 31). Hier liegt der Ansatz für die rigoristischen Sabbatvorschriften der folgenden Jahrhunderte bis zur Zeit Jesu. Manche Gruppen ließen sich lieber von den Feinden umbringen, als daß sie ihnen am Sabbat Widerstand leisteten (1 Makk 2), andere wandten allen Eifer der Gelehrsamkeit auf, um genaue Regeln auszutüfteln, wie das Notwendige getan werden konnte, ohne daß man die Sabbatruhe dabei verletzte. Der Sabbat diente nicht mehr dem Menschen, sondern der Mensch war in angstvollem Zwang Opfer eines religiösen Kalküls geworden. Jesus löste es auf und durchbrach in Wort und Tat diese unmenschlichen und im Grunde unreligiösen Schranken: „Der Sabbat ist für den Menschen da, nicht der Mensch für den Sabbat!" (Mk 2, 27).

Das ist auch der Sinn seines Vorgehens in unserer Erzählung. Der Mann mit der gelähmten Hand befand sich nicht in Lebensgefahr. Nach rabbinischer Vorschrift durfte ihn Jesus am Sabbat nicht heilen. Es wäre auch am anderen Tag noch zurecht gekommen. Die Tatsache aber, daß Jesu dennoch den Mann sofort heilt, ist eine provokative Zeichenhandlung mit klarer Zielrichtung gegen die verengte Religiosität und Sabbatauffassung.

Provokative Zeichenhandlung

Ohne Zweifel hat Jesus solche Zeichenhandlungen gesetzt. Schließlich ist ja historisch belegt, wohin sie führten: zu seiner Hinrichtung. Diese Konsequenz deutet sich bereits am Schluß der Erzählung an; enden Wundergeschichten sonst oft mit dem sogenannten „Chorschluß", so steht hier an dessen Stelle ein Todesbeschluß. Er drückt nicht die Reaktion auf das „Wunder an sich" aus, sondern entspricht ganz dem originellen, einmaligen Sinn, der den Wundern Jesu eignet.

Die Heilung der gelähmten Hand als Zeichenhandlung zeigt, daß Jesu Wunder nicht nur als Hilfe gegenüber körperlichen Leiden verstanden wurden, sondern auch als Zeichen eines befreienden Durchbrechens unmenschlicher religiöser und gesellschaftlicher Zwänge.

Aufgaben

Vergleichen Sie Ihre Antworten mit den Lösungen auf Seite 177.

1. Was ist ein Apophthegma?
2. Wodurch unterscheidet es sich von der stilgerechten hellenistischen Wundergeschichte?
3. In welcher Aussage liegt der Sinngipfel von Lk 7, 1–10; 13, 10–17; 14, 1–6?
4. Handelt es sich in diesen Texten um stilechte Wundergeschichten oder um Apophthegmen?
5. Durch welche Einrichtungen werden heute Menschen zu Opfern des Systemzwanges?
6. Was für Aufgaben ergeben sich für einen Christen aus den Heilungen Jesu am Sabbat?

8. Die Heilung des Blindgeborenen

1 Als Jesus vorüberging, sah er einen Mann, der seit seiner
Geburt blind war. 2 Seine Jünger fragten ihn: Rabbi, wer hat
gesündigt, er oder seine Eltern, daß er blind geboren wurde?
3 Jesus antwortete: Weder er noch seine Eltern haben gesündigt,
sondern die Werke Gottes sollen an ihm offenbar werden.
4 Wir müssen die Werke dessen tun, der mich gesandt hat,
solange es Tag ist; es kommt die Nacht, da niemand mehr
wirken kann. 5 Solange ich in der Welt bin, bin ich das
Licht der Welt.
6 Nach diesen Worten spie er auf die Erde, machte einen Teig aus
dem Speichel und legte ihm den Teig auf die Augen. 7 Dann
sagte er zu ihm: Geh und wasch dich im Teil Siloam, das heißt
übersetzt: Gesandter. Er ging fort und wusch sich, und als er
zurückkam, konnte er sehen (Joh 9, 1–7).

Die Evangelien berichten verschiedene Heilungen Blinder. Den Geheilten gehen die Augen auf und sie finden Gemeinschaft mit Jesus.

An diesem Text zeigt sich gut die besondere Gestaltungsart, in der *Johannes* die Wunderzählungen bietet.[17] In den Versen 1–3a und 6–7 gibt sich zunächst ein Typ einer Wundererzählung zu erkennen, wie er uns schon von den drei ersten Evangelien bekannt und für sie charakteristisch ist: Angabe der Krankheit, Begegnung mit dem Wundertäter, heilender Eingriff und Feststellung des Heilerfolgs bilden die Grundstruktur; Kennzeichnung des Leidens als besonders schlimm, weil schon seit Geburt vorhanden, Schilderung des heilenden Eingriffs in der Weise, daß der Wundertäter Speichel verwendet, einen Teig macht und damit die Augen bestreicht, sind geläufige Elemente der Topik antiker Heilwunder.

Abweichungen vom üblichen Schema

Darüber hinaus enthält die Grundgestalt des Textes noch zwei Angaben, die nicht zum Schema heidnischer Wundererzählungen gehören, sondern zeigen, daß der Text in jüdischer Umwelt geformt wurde: die Frage nach der Sünde als Ursache für die Krankheit und die Anweisung Jesu, daß sich der Blinde im Teich Siloam wasche. Im Judentum war die Auffassung verbreitet, Krankheit sei durch Sünde verursacht. Im Fall einer Krankheit von Geburt an stellte sich die Alternative, daß entweder die Eltern oder sogar das Kind im Mutterschoß gesündigt haben mußten. Beide Möglichkeiten wurden in der Tat von Rabbinen diskutiert und vertreten. Jesus teilte keine der beiden Auffassungen. Überhaupt fällt auf, wie wenig er an einer Klärung der Ursachen für menschliche Leiden interessiert ist. Er findet eine Welt vor, die durch Schmerz und Leid gezeichnet ist und zeigt einen Weg, der zu einer besseren Zukunft führt. Initiator dafür ist Gott, Mitarbeiter dabei der Mensch. Jesus lehnt nicht jeden Zusammenhang zwischen Sünde und Krankheit ab, wohl aber einen zu mechanistisch verstandenen und einen in jedem Fall notwendig vorausgesetzten Zusammenhang. Wie sehr körperliche Leiden oft durch psychische Störungen mitbedingt sind und wie sehr

Immer wieder wurde der Schiloachteich überbaut. Heute ist nur dieses schmale Wasserbecken sichtbar.

diese wiederum auch in persönlicher Schuld eine Wurzel haben können, wird heute in allen Forschungsbereichen, die sich mit dem Menschen beschäftigen, neu bewußt.[18]

Die zweite Eigenart am Grundbestand des Textes besteht in der Anweisung Jesu, der Blinde solle sich im Teiche Siloam waschen. Der Teich ist noch heute in Jerusalem am Südabhang des alten Stadthügels zu sehen und berühmt durch die sogenannte Schiloach-Inschrift. Sie wurde um 700 v. Chr. in die Innenwand eines Felstunnels gemeißelt, als König Hiskija die Gichon-Quelle unterirdisch mit dem Siloam-Teich verband.

Die konkrete Ortsangabe läßt vermuten, daß dem ältesten Erzählbestand unseres Textes das Wissen um die Heilung eines Blinden in der Nähe dieses Teiches zugrunde lag.

Für uns ist nun vor allem lehrreich zu sehen, wie der Evangelist Johannes die auf ihn gekommene Überlieferung seiner eigenen Verkündigungsabsicht dienstbar gemacht hat. Abgesehen davon, daß er den Text seiner Evangelienschrift einfügte, hat er am Text selbst Veränderungen vorgenommen.

Er läßt Jesus die Frage nach der Ursache der Krankheit nicht nur negativ beantworten, sondern fügt die positive Aussage hinzu, daß an dem Blinden „die Werke Gottes offenbar werden sollen" (V. 3b). Damit ist das Heilswirken Gottes gemeint, wie es in Jesu Taten erfahrbar wurde. Johannes versteht unter ihnen vor allem die Wunder Jesu. Er nennt sie in seinem Evangelium immer wieder „Werke" und „Zeichen". Sie haben offenbarenden Charakter, insofern sie auf Gott hinweisen, der in ihnen und durch Jesus heilschaffend wirkt.

Johannes führt aber den Gedanken noch weiter (V. 4): Geschichtliches Wirken hat seine zeitliche Begrenzung. Das gilt sowohl für Jesus wie auch für seine Jünger, die ja das Wirken Jesu fortsetzen. Daß Johannes hier das Wirken Jesu und seine Fortsetzung durch die Jünger meint, geht hervor aus der Formulierung „*Wir* müssen . . . die Werke . . . tun" und aus der ausdrücklichen Verheißung Jesu in den Abschiedsreden: „. . . wer an mich glaubt, wird die Werke, die ich tue, auch selbst tun, ja er wird größere als diese tun . . ." (14, 12).

Die Antwort gipfelt in der Aussage V. 5: „Solange ich in der Welt bin, bin ich das Licht der Welt." Sie steht den „Ich-bin-Worten" des Johannesevangeliums nahe:

Ein typisches Schema aus den Reden Jesu im Johannesevangelium

Ich bin das Brot des Lebens (6, 35).
Ich bin das Licht der Welt (8, 12).
Ich bin die Tür (10, 9).
Ich bin die Auferstehung und das Leben (11, 25).
Ich bin der Weinstock (15, 5).

Es handelt sich in diesen Worten um einen Redetyp, der den ersten drei Evangelien vollkommen fremd ist und den auch Jesus selbst nicht verwendet hat. Johannes hat aus mancherlei Gründen, auf die wir hier nicht näher eingehen können, die Reden Jesu mit Hilfe dieses Gestaltungsmittels stilisiert. An unserer Stelle bringt er damit deutlich zum Ausdruck, wie er die Heilung des Blinden versteht: Der Mensch wird durch Jesus sehend und kann ihn als Licht der Welt erkennen. Dem Blinden werden nicht nur die leiblichen Augen geöffnet, sondern auch das Erkenntnisvermögen zum Glauben.

Im letzten Satz der Erzählung hat Johannes noch einen kleinen Kommentar gegeben. Er hat zu der Bezeichnung des Teiches „Siloam" noch hinzugefügt: „das heißt übersetzt: Gesandter". Er ist dabei vom hebräischen Namen des Teiches „Schiloach" ausgegangen, dem das hebräische Wort „schaliach" = Gesandter nahesteht. Er hat damit den Teich symbolisch auf Christus hin gedeutet, den er schon in Vers 4 als „gesandt" bezeichnet hat und von dem er auch sonst immer wieder betont, daß er „vom Vater gesandt ist". Die Handschrift des Evangelisten ist hier, wie in den anderen aufgezeigten Zusätzen, unverkennbar. Außerdem zeigt diese letzte kleine Ergänzung, daß eine aus dem Semitischen kommende Überlieferung ins Grie-

Im Namen des Dorfes Silwan am Hang über dem Kidrontal klingt noch heute die von Johannes benützte Bezeichnung des Teiches Siloam an.

chische übersetzt und für Menschen einer anderen Zeit und Kultur bearbeitet wurde.

Auf die Wundererzählung folgt die Schilderung einer großen Auseinandersetzung.

Mit der Feststellung des Heilerfolgs ist zwar die eigentliche Wundererzählung zu Ende, aber noch nicht ihre johanneische Darstellung und Würdigung. An der Stelle, wo in manchen Heilungserzählungen des Hellenismus und der Synoptiker der Lobpreis des Chorschlusses steht, setzt im johanneischen Bericht der Blindenheilung ein ganz anderes Darstellungselement ein: eine große Auseinandersetzung über das Wunder. Sie ist fünfmal so lang wie der Wunderbericht selbst und umfaßt das ganze Kapitel 9. Sie gliedert sich in drei Abschnitte:

Erster Abschnitt: Reaktion des Volkes und erstes Verhör des Geheilten durch die Pharisäer (V. 8–17).

Sobald die Leute merken, daß der vorher Blinde sehen kann, stellen sie zwei Fragen: *Ist* es wirklich der vorher Blinde? und: *Wie* wurde er geheilt? Der Geheilte antwortet, indem er sein Identität bezeugt und den Heilvorgang erzählt. Als sie ihn fragen, wo Jesus sei, um sich bei ihm weiter zu erkundigen, sagt der Geheilte, er wisse es nicht.

So führen sie den Geheilten zu den Pharisäern. Johannes bringt durch diese Szene die jüdisch-theologische Beurteilung in den Bericht ein. Auch die Pharisäer fragen, wie die Heilung geschehen sei und erhalten die gleiche Antwort, wie die Leute vorher. Erst an dieser Stelle bringt der Evangelist ein Moment ins Spiel, das in der Heilungserzählung selbst noch nicht erwähnt war, aber für die Beurteilung des Geschehens durch die Pharisäer entscheidende Bedeutung erlangt: Die Heilung war am *Sabbat* geschehen. Das Kneten von Teig gehörte aber zu den 39 am Sabbat ausdrücklich verbotenen Tätigkeiten. Angesichts dieser Sachlage spaltet sich die Partei der Verhörenden: Für einige ist es ganz klar, daß Jesus ein Sünder ist. Somit können weder er noch sein Wirken von Gott sein. Andere lassen das Problem näher an sich heran: Sie gehen von der unbestreitbaren Tatsache der Heilung aus und fragen, wie so etwas geschehen kann, wenn Jesus wirklich ein Sünder ist. Auf die Frage, wie der Geheilte über Jesus denke, antwortet dieser: „Er ist ein Prophet." Der Titel ist hier in volkstümlichem Sinn verstanden und meint einen Mann, der Gott nahesteht und über besonderes Wissen und ungewöhnliche Fähigkeiten verfügt.

Zweiter Abschnitt: Verhör der Eltern des Geheilten durch die „Juden" und zweites Verhör des Geheilten selbst durch die Pharisäer (V. 18–34). Die verhörenden Personen sind zwar auch in diesem ganzen Verhandlungsteil die Pharisäer; aber Johannes bezeichnet sie in einigen Versen verallgemeinernd als „die Juden". Er will damit den amtlichen und offiziellen Charakter der Verhandlung ausdrücken. Die Eltern antworten nur, daß der Geheilte ihr Sohn ist, blind geboren wurde und nun plötzlich sehen kann. Für weitere Auskunft verweisen sie auf den Sohn selbst. Der Evangelist begründet, weshalb sie sich weigern, mehr zu sagen: „weil sie sich vor den

„Abraham öffnete seine Augen und sah . . ." Dieser Satz mag den Bildhauer veranlaßt haben, das Opfer Abrahams neben der Blindenheilung darzustellen.

Einbeziehung urchristlicher Probleme

Juden fürchteten; denn die Juden hatten schon beschlossen, jeden, der Jesus als Messias bekennt, aus der Synagoge auszuschließen" (V. 22). Der endgültige Ausschluß der „Nazarener" aus der Synagoge, das heißt aus der jüdischen Religionsgemeinschaft wurde erst von etwa 90 n. Chr. an durchgeführt. Für die Zeit Jesu läßt er sich nicht nachweisen. Daraus geht hervor, daß die vom Evangelisten gegebene Begründung die Probleme der Christen seiner Zeit im Blick hat und nicht ein historisch getreues Protokoll eines Verhörs ist, das die Gegner Jesus sofort nach der Blindenheilung durchführten. Das Vorgehen jüdischer Behörden gegen Christen am Ende des ersten Jahrhunderts ist der geschichtliche Hintergrund dieses Verhörs. Da also die Eltern vor Furcht nichts über den Wundertäter aussagen, verhören die Pharisäer den Geheilten selbst ein zweites Mal. Die Tatsache der außergewöhnlichen Heilung läßt sich nicht leugnen, aber die theologische Deutung ist umstritten: Für die Pharisäer steht fest, daß Jesus den Sabbat gebrochen hat, deshalb ein Sünder ist und somit die Heilungstat nicht durch Gott gewirkt sein kann. Der Geheilte geht nicht von einer so festen vorgefaßten Meinung, sondern vom Geschehen selbst aus und läßt sich in seinem Urteil von ihm leiten. Für ihn steht fest, daß er durch Jesus geheilt wurde. Da nach jüdischer Auffassung „Gott Sünder nicht erhört" (V. 31), Wunder aber als Gebetserhörungen besonders frommer Juden galten, ist es für den Geheilten eben nicht schon von vornherein erwiesen, daß Jesus ein Sünder ist. Er nimmt eher an: „Wenn dieser nicht von Gott wäre, dann hätte er nichts vollbringen können" (V. 33). Während sich die Pharisäer *ver*schließen und so nur Anstoß an der Heilung nehmen, *er*schließt das Geschehen dem Geheilten einen tieferen Sinn. Zornig darüber, daß ein „ganz in Sünde Geborener" sie „belehren" will, und tief in ihrer Ehre gekränkt verlassen die Gegner die Basis sachlicher Erörterung. Sie reagieren emotional. Spätestens hier wird deutlich, daß es ihnen von Anfang an nur um die Durchsetzung ihrer eigenen unanfechtbaren Auffassung ging, einer Auffassung, die so verhärtet ist, daß sie sich durch nichts mehr in Frage stellen läßt, keinen Lernprozeß mehr zuläßt und nur noch urteilt und verurteilt: „Sie stießen den Geheilten hinaus" (V. 34). Die Formulierung hat einen Doppelsinn, wie er vielen johanneischen Aussagen eigen ist. Sie meint das Hinauswerfen aus dem Verhandlungsraum und den Ausschluß aus der jüdischen Glaubensgemeinschaft.

Dritter Abschnitt: Der Geheilte findet zum Glauben, die Pharisäer geraten nur noch tiefer in ihre Blindheit (V. 35–41).

Entscheidend ist in dieser Szene die Person Jesu. Jesus selbst stellt sich als der „Menschensohn" vor und leitet den sehend gewordenen zu einem Glaubensbekenntnis an, wie es Judenchristen nach der Auferwekkung Jesu äußerten. Auch hier zeigt sich wieder die Spur nachösterlicher Erzählweise.

Jesus heilt den Blinden. Darstellung von einem frühchristlichen Sarkophag des 4. Jahrhunderts.

Der Menschensohn übt eine Gerichtsfunktion aus. Aus der Stellung, die man Jesus gegenüber bezieht, ent-scheidet sich, ob man immer mehr sehend wird oder immer mehr erblindet (V. 39). Die Pharisäer, die unmittelbar vorher anmaßend und überheblich als Richter urteilten, verfallen nun selbst dem richtenden Wort Jesu. Er bezeichnet sie nicht nur als blind, sondern als aussichtslos verblendet, weil sie meinen zu sehen, aber in Wirklichkeit doch nichts erkennen, vor allem aber sich auch auf nichts hinweisen lassen.

Mehr als eine Nacherzählung!

Johannes hat nicht nur eine Wundergeschichte nacherzählt. Er hat die Überlieferung von Jesu heilendem, die Augen öffnendem Reden und Tun aus dem Glauben an den auferweckten Christus gedeutet und für die Christen seiner Zeit dargestellt. Er hat dabei ihre Probleme berücksichtigt: Verfolgungen und Ausschluß aus der Synagoge. Er hat darüber hinaus die Bedeutung des Geschehens so herausgearbeitet, daß sie auch für Menschen unserer Zeit aktuell ist. „Juden“ und „Pharisäer“ als Gegner Jesu und als „Blinde“ sind ja im Sinne des Johannes nicht nur konkrete Personen einer bestimmten Geschichtsepoche. „Jude“, „Pharisäer“ und „blind“ für die Wirklichkeit, die Jesus erschlossen hat, kann auch heute noch jeder Mensch sein, auch jeder Christ. Die Erzählung vom Sehend-werden des Blindgeborenen mit der sich anschließenden Auseinandersetzung stellt jeden vor die Frage, ob er sich durch Orientierung an Jesus die Augen für eine umfassendere Wahrnehmung der Wirklichkeit öffnen lassen will oder ob er es vorzieht, eigenwillig zu erblinden und menschlich zu verkümmern.

Einübung in das Verstehen johanneischer Texte. **Lösung Seite 177.**

Weiterführende Aufgaben

1. Geht es auch Joh 4, 1–42 um ein „Öffnen der Augen“ im johanneischen Sinn?
2. Als wen erkennt und anerkennt die samaritanische Frau Jesus? Mit welchen Titeln redet sie ihn an?
3. Mit welchem Bekenntnis schließt der Text?
4. Welche Gemeinsamkeit zwischen Joh 5, 1–47 und Joh 9, 1–41 fällt sofort auf?
5. Liegt auch in Kapitel 6 etwas Ähnliches vor?
6. Wofür kann die Orientierung an Jesus Christus den Blick öffnen?

IV. Dämonenbannungen

In vielfacher Gestalt stellten die Künstler der Romanik und Gotik das Dämonische dar.

Jesus wurde von seinen Zeitgenossen „als großer Exorzist angesehen. Seine Macht, Dämonen auszutreiben, gehörte ganz zentral zu seinem Dienst . . . Als der, der die neue Zeit ankündigte, befahl er den bösen Geistern zu verschwinden . . . Als Heiler und Versöhner trieb er sie aus, damit Menschen wieder ihren Platz in der Gemeinschaft einnehmen könnten . . . Als Personifizierung des Reiches wurde er von den Dämonen, die er austrieb, erkannt und gefürchtet . . . Das alles klingt heutigen Ohren höchst merkwürdig. Die meisten von uns würden lieber vergessen, daß vielen seiner Zeitgenossen der Exorzismus Jesu keineswegs peripher erschien, sondern das Zentrum seines Werkes war. Wie kann die Kirche diese Funktion heute weiterführen – oder sollte die Kirche seinen Exorzismus vergessen?“ [19]

Heilungen und Dämonenaustreibungen stellen den Hauptanteil der Wunder Jesu nach dem Zeugnis der drei ersten Evangelien dar. 13 von insgesamt 17 Wundererzählungen des Markusevangeliums, das ja zugleich den Rahmen für die Evangelienschriften des Mattäus und Lukas abgab, handeln von Heilungen und Exorzismen. Sie bilden den Grundstock der neutestamentlichen Überlieferung vom wunderbaren Wirken Jesu. Ihr grundlegender Charakter wird auch daran deutlich, daß Markus an den Anfang seiner Darstellung die Botschaft von der Nähe des Reiches Gottes stellt (1, 15) und sodann innerhalb der drei ersten Kapitel von den Wundern Jesu nur Heilungen und Exorzismen berichtet, um so zu zeigen, daß und wie sich Jesu Botschaft in seinem eigenen Wirken bereits zu erfüllen beginnt. Jesus tut eben nicht „alles Mögliche“; er wirkt nicht, um die Sensationslust zu befriedigen und „Beweise seiner Göttlichkeit“ zu liefern. Sondern sein Wirken steht im Dienst seiner Botschaft und seines gesamten Lebensauftrags.[20]

Mit dämonischem Grinsen reitet der böse Geist auf einem Kapitell der Abteikirche von Vezeley.

1. Jesus selbst vom Dämon besessen?

Wie sich in einem Brennpunkt die Lichtstrahlen sammeln, so gibt es in den drei ersten Evangelien eine Szene, in der sich wichtige Momente bündeln, die für das Verständnis des exorzistischen Wirkens Jesu von Bedeutung sind:

Mk 3, 22–30	**Lk 11, 14–23**
	14 Und er trieb einen Dämon aus, und der war stumm. Es begab sich aber, als der Dämon ausgefahren war, daß der Stumme reden konnte. Da staunten die Volksmassen.
22 Und die Schriftgelehrten, die von Jerusalem herabgekommen waren, sagten: Er hat den Beelzebul, und: Durch den Obersten der Dämonen treibt er die Dämonen aus.	15 Einige von ihnen aber sagten: Durch Beelzebul, den Obersten der Dämonen, treibt er die Dämonen aus.
	16 Andere aber forderten, um ihn auf die Probe zu stellen, ein Zeichen vom Himmel von ihm.

Ein ungeheurer Vorwurf!

23 Da rief er sie herzu und sprach zu ihnen in Gleichnisform: 24 Wie kann der Satan den Satan austreiben? Und wenn ein Reich in sich selbst gespalten ist, so kann es nicht bestehen. 25 Und wenn eine Familie in sich selbst gespalten ist, so kann sie nicht bestehen.	17 Er aber kannte ihre Gedanken und sprach zu ihnen: Jedes Reich, das in sich selbst gespalten ist, wird verwüstet, und ein Haus stürzt über das andere.
26 Und wenn der Satan gegen sich selbst aufsteht und sich entzweit, dann kann er nicht bestehen, sondern es ist aus mit ihm.	18 Wenn aber auch der Satan mit sich selbst entzweit ist, wie soll dann sein Reich bestehen können? Denn ihr sagt, daß ich durch Beezebul die Dämonen austreibe. 19 Wenn aber ich durch Beelzebul die Dämonen austreibe, durch wen treiben dann eure Söhne sie aus? Darum werden sie eure Richter sein. 20 Wenn ich aber durch den Finger Gottes die Dämonen austreibe, dann ist ja das Reich Gottes schon zu euch gekommen.
27 Aber es kann niemand in das Haus des Starken eindringen und seine Habe rauben, wenn er ihn nicht vorher gefesselt hat. Erst dann kann er sein Haus ausrauben.	21 Wenn der Starke wohlbewaffnet seinen Palast bewacht, dann ist sein Besitz in Sicherheit. 22 Wenn aber einer, der stärker ist als er, ihn angreift und überwindet, so nimmt er ihm seine Rüstung, auf die er sein Vertrauen gesetzt hatte, und verteilt siegreich seine Beute.

Gemeinsamkeiten zwischen Markus und Lukas

Beide Texte stimmen darin überein, daß sie einen Vorwurf gegen Jesus und seine Antwort darauf wiedergeben. Der Vorwurf ist gewaltig und ungeheuer. Er ist vielleicht der schlimmste, den das ganze Neue Testament uns aufbewahrt hat. Schlimmer als der Vorwurf seiner Angehörigen: er sei von Sinnen, den Markus noch überliefert (3, 21), den aber bereits Mattäus und Lukas wegen der Anstößigkeit ausgelassen haben; schlimmer als der Vorwurf seiner Gegner, er sei ein Gesetzloser, ein Sabbatbrecher, ein Freund

Seine Form hat der Teufel aus dem Heidentum geerbt. Stiermensch, der Dämon Pazuzu und der Hirtengott Pan erinnern daran.

der Zöllner und Dirnen und selbst ein Sünder. Der Vorwurf in unserem Text erreicht die abgründige Tiefe: Jesus im Bund mit Beelzebul, dem Obersten der Dämonen, in dessen Namen er sein exorzistisches Wirken betreibe! Der Name Beelzebul ist wahrscheinlich eine absichtliche jüdische Verstümmelung des Namens „Herr der Fliegen", einer Orakelgottheit, die in der Umwelt Israels verehrt wurde.

Der Vorwurf reicht sicher bis in die Zeit des Wirkens Jesu zurück. Denn es wäre kaum denkbar, daß erst christliche Verkündiger nachträglich eine derart abfällige Aussage über Jesus gewagt hätten. Vor allem aber läßt sich auch quellenkritisch das hohe Alter der Kernaussagen beider Texte erweisen: Ein Vergleich des Markustextes mit dem des Lukas zeigt Gemeinsamkeiten und Unterschiede. Gemeinsam ist beiden der Vorwurf:

> „Durch den Obersten der Dämonen treibt er die Dämonen aus"

und ein Teil der Antwort Jesu: das Bildwort vom gespaltenen Reich und seine Anwendung auf den Zerfall satanischer Macht. Aber die konkreten

Züge dieses Bildwortes unterscheiden sich bei Markus und Lukas. Größere Unterschiede zeigen sich jedoch besonders in folgenden Teilen:

Unterschiede zwischen Markus und Lukas

Nach Lukas ist der Anlaß für den Vorwurf eine Einzelszene: die Austreibung eines Dämons aus einem Stummen; daraufhin erheben nicht näher beschriebene Leute aus dem Volk den Vorwurf. Nach Markus dagegen wird der Vorwurf von Schriftgelehrten erhoben, ohne einen unmittelbar vorher gegebenen Anlaß.

Lukas sagt außerdem, daß man ein Beglaubigungswunder von Jesus forderte. Diese Aussage fehlt hier bei Markus. Er bringt sie an anderer Stelle.

Nach Lukas enthält die Antwort Jesu außer dem Bild vom gespaltenen Reich noch den Hinweis auf jüdische Exorzisten und vor allem das Wort: „Wenn ich mit dem Finger Gottes die Dämonen austreibe, dann ist ja das Reich Gottes schon zu euch gekommen." – Es stammt aus alttestamentlich-jüdischer Vorstellungswelt und besagt, daß dort, wo Jesus am Werk ist, die Macht des Bösen weichen muß und Gottes end-gültige Herrschaft sich zu verwirklichen beginnt.

Lassen sich die Unterschiede als Bearbeitung der Markusvorlage durch Lukas erklären, wie wir es bei anderen Texten bereits kennengelernt haben? Nein, im vorliegenden Fall empfiehlt sich diese Lösung nicht! Es gibt nämlich noch eine Mattäusparallele, die ziemlich genau dem Lukastext entspricht (Mt 12). Daraus ergibt sich: Es lagen schon sehr früh zwei unabhängige Überlieferungen der Szene vor. Die eine von ihnen war in der Spruchquelle Q enthalten und die andere im Markusevangelium. Mattäus und Lukas kannten diese zwei Versionen und haben sie in ihren Evangelien zu *einem* Überlieferungsstück verbunden. Für Mattäus ist überdies bemerkenswert, daß er einen Teil der Szene noch an anderer Stelle seines Evangeliums bietet (Mt 9), also das Ereignis zweimal erzählt.

Der Vorwurf gegen Jesus, er sei selbst besessen, ist Zeugnis für seine Dämonenbannungen.

Der Vorwurf gegen Jesus, er sei selbst besessen und treibe durch Beelzebul die Dämonen aus, ist sehr fest in den ältesten Schichten der Evangelienüberlieferung verankert. Unvoreingenommene geschichtswissenschaftliche und quellenkritische Untersuchung der Texte führt zu dem Ergebnis, daß Jesus Taten gesetzt haben muß, die nach dem Urteil seiner Zeitgenossen als Dämonenaustreibungen galten. Aufschlußreich ist es auch zu sehen, daß der Angriff seiner Gegner nicht etwa die Tatsache derartiger Handlungen Jesu in Frage stellt, sondern er richtet sich gegen die theologische Beurteilung der wirklich geschehenen Ereignisse. Sie ist in der Tat von großer Wichtigkeit, auch in der Darstellung der Evangelien.

Was den Gegnern als Werk Satans erscheint, deutet Jesus selbst als Kommen des Reiches Gottes. Hier zeigt sich – wie auch schon sonst –: ein aufsehenerregendes Ereignis als solches ist mehrdeutig und wird erst dadurch zum Wunder im biblischen Sinn, daß es sich glaubenden Menschen als Heilswirken Gottes erschließt. Jesus gibt seinen außergewöhnlichen Machttaten ausdrücklich diesen Sinn: „Wenn ich . . . die Dämonen austreibe, dann ist ja das Reich Gottes schon zu euch gekommen." Diese Aussage entzieht sich der Beweisbarkeit. Sie kann nur glaubend angenommen werden. Den Gegnern Jesu war das zu wenig.

2. Auch bei Dämonen geht es nicht formlos zu

Im Lukastext hieß es soeben: Durch wen treiben eure Söhne denn die Dämonen aus? Hier wie an anderen Stellen der Evangelien (z. B. Mk 9) ist eindeutig und ganz selbstverständlich vorausgesetzt, daß es in der Umgebung Jesu Menschen gab, die ebenfalls Dämonen bannten. Der Geschichtsschreiber Flavius Josephus (37–95 n. Chr.) berichtet in seinem großen Werk „Jüdische Altertümer“ [21] eine solche Dämonenaustreibung:

Bestien und Dämonen am Chor von Saint-Paul-les-Dax

> Ich habe gesehen, wie einer der unseren, Eleazar mit Namen, in Gegenwart des Vespasianus, seiner Söhne, der Obersten und der übrigen Krieger die von bösen Geistern Besessenen davon befreite. Die Heilung geschah in folgender Weise: Er hielt unter die Nase des Besessenen einen Ring, in dem eine von den Wurzeln eingeschlossen war, welche Salomon angegeben hatte, ließ den Kranken daran riechen und zog so den bösen Geist durch die Nase heraus. Der Besessene fiel sogleich zusammen, und Eleazar beschwor dann den Geist, indem er den Namen Salomons und die von ihm verfaßten Sprüche hersagte, nie mehr in den Menschen zurückzukehren. Um aber den Anwesenden zu beweisen, daß er wirklich solche Gewalt besitze, stellte Eleazar nicht weit davon einen mit Wasser gefüllten Becher oder ein Becken auf und befahl

> dem bösen Geist, beim Ausfahren aus dem Menschen dieses umzustoßen und so die Zuschauer davon zu überzeugen, daß er den Menschen verlassen habe. Das geschah auch in der Tat, und so wurde Salomons Weisheit und Einsicht kund.
> Ich habe hierüber sprechen zu müssen geglaubt, damit allgemein bekannt werde, wie gewaltig der Geist des Königs und wie wohlgefällig er Gott war, und damit niemand unter der Sonne des Königs ausgezeichnete Tugend verborgen bleibe" (VIII, 2, 5).

Josephus war zwar gebürtiger Jude, aber doch ein Schriftsteller von hellenistischer Bildung. Dementsprechend ist sein Bericht in eine Sprachform gekleidet, wie sie vor allem in hellenistischen Exorzismus-Texten begegnet. Solche Zeugnisse finden sich nicht unter den Inschriften von Epidauros. Das braucht uns nicht zu wundern. Besessene hatten keinen Zutritt zu den Asklepiosheiligtümern. Mehr Glück haben wir bei den Erzählungen über *Apollonius von Tyana*. Dort werden unter anderen Wundern viele Dämonenbannungen berichtet.

Dämonenbannungen werden auch Apollonius von Tyana zugeschrieben.

Apollonius lebte im ersten Jahrhundert n. Chr. und war Zeitgenosse des Apostels Paulus wie auch der vier Evangelisten. Er stammte aus Tyana, einer Stadt der römischen Provinz Kappadokien in Kleinasien. Schon früh schloß er sich der neupythagoreischen Philosophie und Lebensform an, einer eigenartigen Mischung von Askese, Weltflucht und Magie. Als Wanderprediger, Wundertäter und prophetischer Seher durchzog er die Lande. Sein Ruhm als Wundermann war in der hellenistischen Antike einzigartig und überflügelte bei weitem die Gestalten ähnlichen Typs wie etwa Epimenides, Peregrinus Proteus und Alexander von Abonuteichos. Sein erster Biograph, Moiragenes, charakterisierte ihn als einen Magier. Lukian von Samosata (2. Jahrhundert n. Chr.) erwähnt ihn nur kurz als einen Gaukler und Betrüger. Erst Philostratos, Schriftsteller am Hof des römischen Kaisers Septimius Severus, schrieb im Auftrag der Gattin des Kaisers, Julia Domna, um 200 ein umfangreiches Werk über ihn: „Das Leben des Apollonius von Tyana" [22]. Es ist überhaupt die älteste profane Lebensbeschreibung eines Wundertäters. Philostratos betont, daß Apollonius kein Zauberer oder Magier, sondern ein durch göttliche Erleuchtung begabter Weiser und durch göttliche Kraft befähigter Wundertäter war. Schauen wir eine der zahlreichen Wundererzählungen dieses Werkes genauer an:

Aureus mit dem Bildnis des Kaisers Septimius Severus

> Als Apollonius in Athen über Trankopfer sprach, machte sich ein Jugendlicher darüber lustig. „Apollonius blickte ihn an und sagte: ‚Du bist es nicht selbst, der sich so überheblich gibt, sondern es ist der Dämon, der dich antreibt ohne dein Wissen.' Und in der Tat, der Jugendliche war, ohne es zu wissen, von einem Dämon besessen; denn er lachte über Dinge, über die sonst niemand lachte, und dann wiederum weinte er ohne jeden Grund, und er pflegte

mit sich selbst zu sprechen und zu singen. Viele Leute dachten, die ungestüme Heiterkeit der Jugend führe ihn zu solchen Ausbrüchen. Aber in Wirklichkeit war er das Mundstück eines Dämons ... Als Apollonius ihn anschaute, begann der Geist in ihm vor Furcht und Wut Schreie auszustoßen wie ein Mensch, der gebrannt und gequält wird. Und der Geist schwur, er würde den Jugendlichen verlassen und nie mehr Besitz von einem Menschen ergreifen. Aber Apollonius fuhr ihn zornig an ... und er befahl ihm, den Jugendlichen zu verlassen und durch ein sichtbares Zeichen zu zeigen, daß er so getan habe. ‚Ich werde die Statue da umwerfen', sagte der Dämon und zeigte auf ein Standbild in der Königshalle, denn dort fand die Szene statt. Als die Statue sich zu bewegen begann und dann niederfiel, erhob sich dort ein unbeschreiblicher Lärm. Der junge Mann aber rieb seine Augen, als ob er gerade aufgewacht wäre. Er schaute in die Strahlen der Sonne und machte einen bescheidenen Eindruck, als alle ihre Aufmerksamkeit auf ihn richteten." Er besserte sein Leben, fand zu sich selbst und „richtete sein Leben in Zukunft nach dem Vorbild des Apollonius ein" (IV, 20).

Apollonius heilt einen jungen Mann in Athen. – Zum Bericht des Philostratos

Lukian von Samosata macht sich über Exorzismen und Magie lustig.

Wie verbreitet derartige Vorstellungen und Erzählungen waren, wird deutlich in den Werken des griechischen Schriftstellers Lukian von Samosata (um 120–180 n. Chr.). In seiner Schrift „Philopseudes" (= Lügenfreund)[23] berichtet er selbst mehrere Dämonenaustreibungen ausführlich und läßt dann Ion, den Verfechter der Glaubwürdigkeit solcher und ähnlicher Geschichten sagen:

> Wem ist der Syrer aus Palästina unbekannt, der ein so großer Meister in der Kunst Besessene zu befreien ist? Und wer weiß nicht, wie viele, die beim bloßen Anblick des Mondes umfallen, die Augen verdrehen, dann Schaum vor dem Munde stehen haben, kurz: wie viele Mondsüchtige dieser Mann wieder auf die Füße stellt und wieder nach Hause schickt, nachdem er die bösen Geister gegen bare Bezahlung aus ihnen ausgetrieben hat? Denn wenn sie so vor ihm auf der Erde liegen, und er den Teufel fragt, woher er in diesen Leib gefahren sei, so spricht der Kranke kein Wort. Aber der Teufel antwortet auf griechisch oder in einer barbarischen Sprache, und meldet wer er selbst ist, als wie und von wo er in den Menschen gefahren. Und dann wird er von ihm durch Beschwörung, und wenn das noch nicht helfen will, durch Drohungen hinausgejagt. Ich sah selbst einmal einen solchen Teufel ausfahren, der ganz schwarz und wie geräuchert aussah (16).

Schon diese wenigen ausgewählten Beispiele lassen erkennen, daß auch den hellenistischen Dämonenbannungserzählungen eine ganz bestimmte *Struktur* und *Topik* eigen sind.[24] Soweit es sich um Texte handelt, die die Austreibung von Krankheitsdämonen schildern, ist ihr Darstellungsschema eine Sonderform der Heilungserzählungen. Die *Struktur* läßt sich gut am zitierten Text des Philostratos ablesen:

Die Struktur der Berichte über Dämonenbannungen

	Struktur	**Philostratos berichtet von Apollonius:**
1.	Angabe der Situation und Schilderung des Zustands des Besessenen	Apollonius hält in Athen einen Vortrag: ein Jugendlicher spottet, lacht, weint, führt Selbstgespräche.
2.	Begegnung zwischen Exorzist und Besessenem	Apollonius blickt den Besessenen an und spricht zu ihm.

3.	Abwehrversuch des Dämons	Der Besessene wittert den Exorzisten, schreit und verspricht, auszufahren.
4.	Ausfahrbefehl des Exorzisten	Apollonius befiehlt, mit sichtbarem Zeichen den Besessenen zu verlassen.
5.	Ausfahrt mit Demonstration	Der Dämon fährt aus und wirft lärmend eine Statue um.
6.	Reaktion der Zuschauer	Alle richten ihre Aufmerksamkeit auf den Geheilten.

Sechs typische Bauelemente formen die Erzählung einer Dämonenbannung.

Zur *Topik* gehören folgende typische Bauelemente:

1 **Angaben des Krankheitsbildes:**
Die Besessenen „verdrehen die Augen, haben Schaum vor dem Mund . . ." (Lukian);

2 **Abwehrversuch des Dämons:**
„Er schreit . . ." (Philostratos);

3 **Namenserfragung und Namenskundgabe:**
„Wenn der Exorzist den Teufel fragt, woher er in diesen Leib gefahren sei . . . so antwortet er sowohl, wer er sei, als wie er und woher er in den Menschen gefahren . . ." (Lukian);

4 **Ausfahrbefehl, Beschwörungsformeln und -Praktiken des Exorzisten:**
„Eleazar hielt unter die Nase des Besessenen einen Ring, in dem eine von den Wurzeln eingeschlossen war, welche Salomon angegeben hatte, ließ den Kranken daran riechen . . . Er beschwor den Geist mit dem Namen Salomons und seiner Sprüche . . ." (Josephus);
„Apollonius fuhr ihn zornig an und befahl, den Jugendlichen zu verlassen . . ." (Philostratos);
„Der Dämon wird durch Beschwörung und Drohung hinausgejagt . . ." (Lukian);

5 **Ausfahrt mit Demonstration:**
Der Dämon fährt aus und stürzt auf Befehl Eleazars ein mit Wasser gefülltes Becken um. (Josephus);

Jesus heilt einen Besessenen. Darstellung aus der Christustafel des Diphtychons von Murano

Der Dämon fährt aus und wirft lärmend eine Statue um. Der vorher Bessene macht einen normalen Eindruck. (Philostratos);

6 **Reaktion der Zuschauer:**
Alle richten ihre Aufmerksamkeit auf den Geheilten. (Philostratos).

In den Erzählungen über das exorzistische Wirken Jesu spielen Struktur und Topik der hellenistischen Dämonenbannungserzählungen eine Rolle. Als Beispiele wollen wir nun zwei Texte [25] kennenlernen:

3. Die Dämonenbannung in der Synagoge von Kafarnaum

21 Und sie gingen nach Kafarnaum hinein. Und alsbald am Sabbat
ging er in die Synagoge und lehrte. 22 Und sie gerieten außer
sich über seine Lehre; denn er lehrte sie wie einer, der Vollmacht
hat, und nicht so wie die Schriftgelehrten.
23 Und alsbald war da in ihrer Synagoge ein Mensch mit einem
unreinen Geist; der schrie laut auf: 24 Was haben wir und du
miteinander zu tun, Jesus von Nazaret? Du bist gekommen, um
uns zu verderben. Ich weiß, wer du bist: Der Heilige Gottes.
25 Da fuhr ihn Jesus an und sprach: Schweig und fahre aus von
ihm! 26 Da zerrte ihn der unreine Geist hin und her, schrie laut
und fuhr von ihm aus.
27 Da gerieten alle in Staunen und sprachen zueinander: Was ist
das? Eine neue Lehre in Vollmacht! Sogar den unreinen Geistern
gebietet er und sie gehorchen ihm. 28 Und die Kunde von ihm
verbreitete sich alsbald überallhin in die ganze Umgebung von
Galiläa (Mk 1, 21–28).

Die Angabe, daß Jesus nach Kafarnaum kommt, in der Synagoge lehrt und den Eindruck eines ungewöhnlich vollmächtigen Redens hervorruft, bildet in der gegenwärtigen Textgestalt die Einleitung zu einer Austreibungserzählung. Diese selbst folgt dann in einer Form, die ganz dem Muster der antiken Exorzismusgeschichten entspricht, wie wir sie außerhalb der Bibel belegt fanden: 1. Schilderung der Situation und des Zustandes des Besessenen, 2. Begegnung zwischen Exorzist und Besessenem, 3. Abwehrversuch des Dämons, 4. Ausfahrbefehl, 5. Ausfahrt mit Demonstration und 6. Reaktion der Zuschauer. Das im Evangelientext verwendete Darstellungsschema läßt es nicht mehr zu, unter dieser Gestaltungshülle die konkreten Züge eines geschichtlich zugrundeliegenden Einzelereignisses freizulegen. Aber daß man nicht nur ein außerbiblisches Schema auf Jesus und sein „angebliches" Wirken übertragen hat, läßt sich sogar an der jetzigen Gestalt des Textes noch gut erkennen. Sie enthält einige Angaben, die sich nicht von einem allgemeinen antiken Schema ableiten lassen, sondern dem Wir-

Oft verdecken die typischen Bauelemente einer Erzählung das tatsächlich geschehene Einzelereignis.

ken Jesu und seiner Darstellung im Neuen Testament eigen sind. Diese Besonderheiten finden sich in der Abwehrformel, im Schweigegebot und in der Chorschlußfrage.

Abwehrformel

Der Abwehrschrei des Dämons enthält eine Frage: „Was haben wir und du miteinander zu tun, Jesus von Nazaret?", eine Feststellung: „Du bist gekommen, um uns zu verderben." Und ein Bekenntnis: „Ich weiß, wer du bist: Der Heilige Gottes." Zwar finden sich alle drei formalen Elemente auch in außerbiblischen Texten, aber die konkrete Fassung und inhaltliche Aussage zeigen, daß sie durch alttestamentliche, jüdische und urchristliche Denk- und Sprechweise geprägt sind: Die *Frage* ist in Anlehnung an das 1. Buch der Könige formuliert, wo die Witwe von Sarepta zum Propheten Elija sagt: „Was habe ich mit dir zu tun, Mann Gottes? Du bist gekommen . . ." (17, 18). Es will beachtet sein, daß der Ausdruck „Mann Gottes" an mehreren Stellen des Alten Testamentes eine Entsprechung in den hebräischen und griechischen Worten „Nasiräer Gottes" und „Heiliger Gottes" hat. Daran zeigt sich, daß die weiteren Formulierungen unseres Textes: „. . . Jesus von Nazaret" und „. . . der Heilige Gottes" ebenfalls im Zusammenhang mit dem alttestamentlichen Hintergrund stehen. „Du bist der Heilige Gottes" war sodann ein judenchristliches Bekenntnis zum auferstandenen Herrn (Joh 6, 69). Urchristlicher Glaube drückt sich auch in der Feststellung aus, die dem Dämon in den Mund gelegt ist: die Dämonen wissen sich bedroht, weil nun der gekommen ist, der sie alle verderben wird. Die Feststellung geht über die Einzelszene und die Bedrohung des einen Dämons hinaus. Sie hat bereits rückschauend das gesamte Wirken Jesu im Blick und würdigt es als die totale und end-gültige Entmachtung des Bösen überhaupt. Deshalb ist bewußt die Formulierung gewählt: „. . . gekommen, um uns zu verderben", während im nächsten Satz wieder die Einzahl des redenden Dämons steht.

Schweigegebot

Jesus befiehlt ihm zu schweigen. Zwar kommen auch Schweigebefehle im Ritual außerbiblischer Dämonenbannungsgeschichten vor. Aber im Evangelium des Markus hat das Schweigegebot noch einen besonderen Sinn. Durch das gesamte Werk dieses Evangelisten zieht sich eine konsequent durchgehaltene Konzeption: Die Dämonen sind die einzigen, die um Jesu wahres Wesen Bescheid wissen. Sie schreien diese Kenntnis in ihren Abwehrrufen hinaus. Sie verwenden dabei Formulierungen urchristlicher Bekenntnisformeln. Aber ein Bekenntnis aus ihrem Mund hat keine Gültigkeit. Außerdem ruht es nur auf der Basis von Jesu Machterweisen. In ihnen liegt nicht schon die einzige Wurzel für die überragende Bedeutung Jesu. Deshalb betont Markus immer wieder, daß Jesus trotz des zutreffenden Bekenntnisses Schweigen gebietet.

Dieser Linie der Darstellung entspricht genau eine zweite: Die Jünger bleiben trotz der Taten Jesu unverständig. Selbst als Petrus bekennt, Jesus sei der Messias, verbietet Jesus, darüber zu reden und korrigiert das noch viel zu oberflächliche Verständnis des Petrus (Mk 8). Das erstmals wirklich vollgültige Bekenntnis eines Menschen läßt Markus *nicht* angesichts der äußeren Machttaten Jesu und nicht von einem Jünger, sondern in der Stunde tiefster Ohn-macht Jesu und von einem Heiden sprechen: nämlich vom Hauptmann unter dem Kreuz (Mk 15). Diesem tiefen Sinn markinischer Darstellung gehört auch der Schweigebefehl unseres Textes an.

Der schematische „Chorschluß" am Ende der Wundererzählungen hebt den Lobpreis der Zuschauer hervor. Beispiele für diese Form finden Sie bei G. Lohfink, Jetzt verstehe ich die Bibel, Seite 35.

Im Chorschluß steht an Stelle des sonst üblichen Beifalls eine Frage. In dem von Markus gebotenen Text verbindet sie, rückgreifend auf die anfangs betonte Lehrvollmacht Jesu, das Wunder ganz eng mit seiner Botschaft. Es ist möglich, aber nicht streng zu beweisen, daß in einem früheren Stadium der Erzählung am Schluß die Frage stand: „Wer ist dieser?" so, wie sie sich noch am Schluß der Sturmstillungserzählung findet (Mk 4, 41). Wie dem auch sei: In beiden Fällen meldet sich auch hier ein spezifisch urchristliches Interesse zu Wort, sei es die enge Verbindung zwischen Jesu Wort und Tat, sei es die Frage nach der unauslotbaren Tiefe seiner Person mit ihrem Hinweis-Charakter auf den letzten personalen Grund aller heilschaffenden Wirklichkeit.

Über den Chorschluß hinaus wird noch die Tatsache und wohl auch der Wunsch ausgedrückt, daß sich die Kunde von Jesu exorzistischem Wirken überallhin verbreite (V. 28). In einer solchen Äußerung gibt sich die missionarische Absicht des Erzählens zu erkennen. Wir dürfen daraus und aus den vorausgegangenen Beobachtungen schließen: der Text hat seine Formung in Kreisen erhalten, die sich 1. der zentralen Bedeutung der exorzistischen Tätigkeit Jesu bewußt waren, die sich 2. nach seiner Auferweckung zu ihm als dem „Heiligen Gottes" glaubend bekannten, das heißt Christen waren, 3. denen hellenistische Austreibungsgeschichten bekannt waren und die aber zugleich am Bezug zum Alten Testament großes Interesse hatten, also jüdisch-hellenistisch orientiert waren, und die 4. bereits die Kunde von Jesus missionarisch weitertrugen.

4. Die Heilung des Besessenen von Gerasa

Mk 5, 1–20	**Mt 8, 28–34**
1 Und sie kamen an das jenseitige Ufer des Sees, in das Gebiet der Gerasener.	28 Und als er an das jenseitige Ufer in das Gebiet der Gadarener kam,
2 Und als er aus dem Boot stieg, kam ihm alsbald aus den Grabhöhlen ein Mann entgegen, der in der Gewalt eines unreinen Geistes stand;	da kamen ihm zwei Besessene entgegen, die aus den Grabhöhlen
3 der hauste in den Gräbern, und nicht einmal mit einer Kette vermochte man ihn bisher zu binden; 4 denn oft hatte man	heraustraten; die waren sehr gefährlich,

Heilung des Besessenen aus dem Magdeburger Antependium

ihn schon mit Fußfesseln und Ketten gefesselt, aber die Ketten waren von ihm zerrissen und die Fußfesseln zerrieben worden, und niemand besaß die Kraft, ihn zu bändigen.
5 Und beständig, Tag und Nacht, hielt er sich in den Grabhöhlen und auf den Bergen auf, schrie und schlug sich mit Steinen.
6 Und als er Jesu von weitem erblickte, lief er herzu, warf

so daß niemand auf dem Wege vorübergehen konnte.

Die längste und anstößigste Wundererzählung der Evangelien: rechts nach Mattäus, links nach Markus

sich vor ihm nieder 7 und schrie mit lauter Stimme: Was habe ich mit dir zu tun, Jesus, du Sohn des höchsten Gottes? Ich beschwöre dich bei Gott, quäle mich nicht! 8 Denn Jesus hatte zu ihm ge- sagt: Fahre aus, du unreiner Geist, aus dem Mann! 9 Und er fragte ihn: Wie heißt du? Und er sprach: Ich heiße Legion; denn wir sind viele. 10 Und er bat dringend, er möge sie nicht aus dem Gebiet vertreiben.	29 Und siehe, sie schrien: Was haben wir mit dir zu tun, Sohn Gottes? Bist du hierher gekom- men, uns schon vor der Zeit zu quälen?
11 Es weidete aber dort am Berghang eine große Schweine- herde.	Es weidete aber in einiger Entfernung von ihnen eine große Schweineherde.
12 Da baten ihn die Dämonen: Schick uns in die Schweine, daß wir in sie hineinfahren! 13 Und er erlaubte es ihnen. Da fuhren die unreinen Geister heraus und hinein in die Schweine, und die Herde stürmte den Abhang hinab in den See, an zweitausend Tiere, und ertranken im See. 14 Da flohen die Hirten und meldeten es in der Stadt und auf den Gütern.	31 Die Dämonen baten nun: Wenn du uns austreibst, so schick uns in die Schweine- herde! 32 Da sprach er zu ihnen: Fahret aus! Da fuhren sie heraus und hinein in die Schweine; und siehe, die ganze Herde stürmte den Abhang hinab in den See und kam im Wasser um. 33 Die Hirten aber flohen, und als sie in die Stadt gekommen waren, mel- deten sie alles, auch das von den Besessenen.
Und die Leute kamen, um zu sehen, was geschehen war. 15 Und sie kamen zu Jesus und sahen den Besessenen, der die „Legion" gehabt hatte, dasitzen, bekleidet und bei Sinnen. Und sie fürchteten sich. 16 Und die Augenzeu- gen erzählten ihnen, was mit dem Besessenen und den Schweinen geschehen war.	34 Und siehe, die ganze Stadt zog hinaus, Jesus entgegen, und als sie ihn sahen,
17 Da baten sie Jesus, ihr Gebiet zu verlassen. 18 Und	baten sie ihn, ihr Gebiet zu verlassen.

als er in das Boot stieg, bat ihn der früher Besessene, bei ihm bleiben zu dürfen.
19 Er aber erlaubte es ihm nicht, sondern sprach zu ihm: Geh nach Hause zu den Deinen und melde ihnen, was der Herr dir getan und wie er sich deiner erbarmt hat.
20 Da ging er hinweg und begann in der Dekapolis zu verkünden, was Jesus an ihm getan hatte, und alle staunten.

Wir haben hier nicht nur die längste, sondern auch die „anstößigste" Wundererzählung der Evangelien vor uns. Sie reizte in der fast zweitausendjährigen Geschichte ihrer Auslegung Phantasten wie Rationalisten. Sie inspirierte immer wieder aufs neue die Maler biblischer Szenen. Sie gibt auch der heutigen Forschung noch viele Rätsel auf. So urteilen profilierte Forscher in den letzten hundert Jahren:

David Friedrich Strauß: Da, wo die Teufel in die Schweine fahren, pflegt „selbst starkgläubigen Auslegern der Glaube auszugehen".

Heinrich Julius Holtzmann: Die „wunderlichste aller Wundergeschichten". An ihrer „Entstehung scheint jüdischer Spott beteiligt gewesen zu sein: die dummen Teufel wählen . . . das ihrer Unreinheit entsprechende Vieh als Wohnstätte". Die Schweine stellen das Heidentum dar.

Martin Dibelius: „Nicht als wohltätiger Heiland, der hilft, ist Jesus dargestellt, sondern als unheimlicher Wundermann, der erschreckt . . . Es ist eine Erzählung voll profaner Motive und gewiß letztlich profaner (jüdischer) Herkunft".

Rudolf Bultmann: Der Text entstand „unter Benutzung des Motivs vom betrogenen Teufel". Es ist „hier ein volkstümlicher Schwank auf Jesus übertragen" worden.

Forscher beurteilen die Erzählung von der Heilung des Besessenen

Otto Bauernfeind: Nicht das Motiv vom betrogenen, sondern vom „betrügenden Teufel", der mit seinem Streich Jesus aus dem Lande vertreibt, ist auf Jesus übertragen worden.

Heinrich Gunkel: Eine Erzählung, „die ganz wie ein nicht ohne Humor erdichtetes Zaubermärchen klingt und die mit dem geschichtlichen Jesus sicherlich nichts gemein hat".

Walter Grundmann: Der Besessene ist ein Tobsüchtiger, der an „manisch-depressivem Irresein" leidet. „. . . die Preisgabe des Namens der Dämonen und ein neuer Exorzismus beim Kranken (hat) eine Krise zur Folge, die sich in einem schweren Tobsuchtsanfall entlädt, der die Panik der Tiere ausgelöst". Aber Grundmann bemerkt selbst: „Doch davon sagt der Erzähler nichts."

Josef Schmid: Die Erzählung „kann nur als Ganzes entweder als wahrheitsgetreuer Augenzeugenbericht oder als reine Dichtung verstanden werden".

Diese Urteile weisen auf einen komplizierten Sachverhalt. Auch wir werden viele Fragen, die der Text aufgibt, nicht lösen können. Doch lassen sich schwerpunktmäßig einige Hinweise zum Verständnis geben und einige Einsichten vermitteln, die heute in der Exegese allgemein anerkannt sind.

Die Evangelien nennen Gerasa und Gadara als Ort für die Heilung des Besessenen. Da beide Ortschaften vom See zu weit entfernt lagen, suchten Spätere „Gerasa" am Ostufer des Sees Gennesaret. Vergleichen Sie die Karte auf Seite 95.

Zunächst bedürfen einige Ausdrücke einer Sachklärung. Die Dämonenaustreibung geschieht im Gebiet der Gerasener, also in der Umgebung der Stadt Gerasa. Die Stadt lag im Ostjordanland, ungefähr 55 Kilometer südöstlich vom See Gennesaret. Sie war im 4. Jahrhundert v. Chr. von Hellenen gegründet worden. Heute heißt sie Dscherasch. Mit dieser Ortsangabe beginnen bereits die Schwierigkeiten des markinischen Textes: Weder gab es im Gebiet von Gerasa einen See, noch lag das Gebiet am See Gennesaret, so daß die Tiere „den Abhang hinab in den See" stürmen konnten. Mattäus empfand bereits die Schwierigkeit und änderte die Ortsangabe. Er verlegte das Geschehen nach Gadara, etwa zehn Kilometer vom See entfernt. Aber auch diese Entfernung ist noch zu groß. Der Kirchenschriftsteller Origenes führte um 200 n. Chr. eine Leseart ein, die das Ereignis bei Gergesa, einem Ort am See, stattfinden läßt. Damit glättet Origenes zwar die Schwierigkeit, aber für den hohen Preis eines Eingriffs in den Urtext. Das ist keine Lösung. Zu dem Gebiet, das man als Dekapolis = Zehnstädte bezeichnete und das im hellenistischen Ostjordanland lag, würden alle drei genannten Ortsnamen passen. Vielleicht sollte uns die sperrige Ortsangabe des Markus ein erster Hinweis dafür sein, daß möglicherweise die Erzählung einen Wachstumsprozeß durchgemacht hat und im Grundbestand, also in einem Stadium vor Markus, Jesu Fahrt über den See und der Sturz der Tiere in das Wasser noch nicht enthalten waren. Einleitend könnte es etwa geheißen haben: Er kam in das Gebiet der Gerasener.

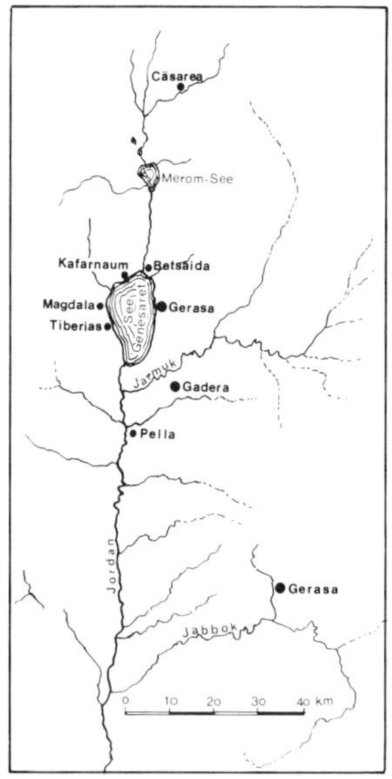

Die Bezeichnung unreiner Geist für einen Dämon ist eine spezifisch jüdische Ausdrucksweise. Sie wurzelt in dem tiefen Zusammenhang, der nach jüdischer Auffassung zwischen dem Dämon und der Art seiner Aufenthaltsorte besteht. Bestimmte Menschen, Tiere, Gegenstände und Orte machen kultisch unrein. Das heißt: wer mit ihnen in Berührung kommt, ist von gewissen Formen des Gottesdienstes, damit aber auch vom Kontakt mit dem „Heiligen" ausgeschlossen und bedarf besonderer Reinigungsriten, um wieder kultfähig zu werden und kontaktfähig für das „Heilige". Im Judentum gelten als „unreine" Menschen etwa die Heiden; als „unreine" Tiere die Schweine; als „unreine" Orte Gräber und Friedhöfe. Da die Dämonen Begräbnisstätten als Aufenthaltsorte bevorzugen, nennt man sie „unreine Geister". Zugleich verunreinigen sie sodann selbst aber auch jeden Ort und jedes Wesen, mit dem sie in Berührung kommen.

Alle genannten Momente spielen in der Erzählung des Markus eine Rolle: Die Dämonen heißen unreine Geister; der Besessene haust in Grabhöhlen; die Dämonen fahren in die Schweine und das ganze Geschehen

Gerasa, heute Dscherasch in Jordanien

trägt sich in der hellenistischen, stark heidnischen Dekapolis zu. Es liegt ein auffallend geschlossener Kreis von Motiven vor. Er hat das Heidentum im Blick; aber die Erzählweise selbst wurzelt im Judentum.

Wir stellten bereits fest, daß die Ortsangabe Gerasa in Widerspruch zur Szenerie am See steht. Wir schöpfen den Verdacht, daß die vorliegende Erzählung vielleicht doch nicht aus *einem* Guß ist, sondern möglicherweise einen längeren Gestaltungsprozeß durchlaufen hat. Gehen wir dem nun weiter nach. Es empfehlen sich zur Klärung dieser Frage einige Beobachtungen am Text:

Prüfen Sie bitte, ob mit den folgenden Stichworten der Text des Markus richtig gegliedert ist, und geben Sie an, von welchem Vers bis zu welchem Vers der jeweilige Gliederungspunkt reicht. Ihre Ergebnisse vergleichen Sie mit unseren Lösungen auf Seite 177.

	Gliederungspunkt	**von Vers**	**bis Vers**
1	Situationsangabe und Schilderung der Krankheit		
2	Begegnung Jesu mit dem Besessenen und seine Auseinandersetzung mit ihm		
3	Das Verhalten der Zeugen und anderer Leute		
4	Bitte des Geheilten und Antwort Jesu		

5 Kann man sagen, daß der lange Text doch gut gegliedert ist?

6 Trotz der Vielfalt der verarbeiteten Motive liegt dem Text das *Schema einer antiken Austreibungserzählung* zugrunde. Bitte versuchen Sie die Teile des Schemas, wie es auf Seite 86 f. dargestellt ist, im Text zu erkennen. In welchen Versen finden Sie:

1. Die Angabe der Situation und die Schilderung des Zustands des Besessenen?
2. Die Begegnung zwischen Exorzist und Besessenem?
3. Den Abwehrversuch des Dämons?
4. Den Ausfahrbefehl des Exorzisten?
5. Die Ausfahrt mit Demonstration?
6. Die Wahrnehmung (auch Reaktion) und das Staunen der Zuschauer?

7	Welche Einzelelemente der Topik unserer Erzählung finden Sie auch in den Texten des Josephus, Philostratos und Lukian?

Texte Seite 83–86

Topik	Text des

8	Welche Teile oder Einzelelemente unserer Erzählung finden sich in keinem der außerbiblischen Texte?
9	Es gibt einige wörtliche oder fast wörtliche Übereinstimmungen mit Mk 1, 21–28. Bitte schreiben Sie sie auf:

Vergleichen Sie Seite 88

Mk 5	Vers	Mk 1	Vers

10	Reichen diese Übereinstimmungen aus für die begründete Annahme, Mk 5 sei nur eine Umarbeitung von Mk 1?
11	Ist es wahrscheinlicher, daß zwar beiden Erzählungen das gleiche antike Schema zugrunde liegt, daß aber beide Texte literarisch voneinander unabhängige Einheiten sind?

Die Beobachtungen dürften gezeigt haben: Der Text ist gegliedert; er basiert auf dem Schema antiker Austreibungserzählungen; er enthält in auffallend starkem Maß auch ihre Topik; darüber hinaus weist er in der Mitte und am Schluß Elemente auf, die den außerbiblischen Texten fremd sind; gerade in diesen Elementen steht er anderen neutestamentlichen Austreibungserzählungen nahe, zum Beispiel Mk 1, 21–28.

Eine auffallende Beobachtung: manche Angaben werden im Text doppelt geboten.

Bei der Arbeit am Text wird Ihnen an mehreren Stellen eine Schwierigkeit begegnet sein: Manche Elemente kommen im Abstand einiger Verse *zweimal* vor: So ist doppelt geschildert: die Begegnung zwischen Jesus und dem Besessenen (V. 2. 6); der Aufenthalt in den Grabhöhlen (V. 3. 5); die Gewährungsbitte der Dämonen (V. 10. 12) und der Bericht der Augenzeugen

Zwei Bilder widmet die romanische Bilderdecke in Zillis der Heilung des Besessenen.

an die anderen Leute (V. 14. 16). Die Doppelungen wollen anscheinend den Eindruck verstärken, den der Bericht beim Hörer und Leser hervorrufen soll. Sie stehen damit einem anderen auffallenden Phänomen nahe: Der phantastisch klingenden novellistischen Ausgestaltung mancher Züge: die Unbändigkeit des Besessenen, das völlig entgegengesetzte Verhalten des Geheilten, die Vielzahl der Dämonen usw. All dies dient dem Ziele, den Fall von Besessenheit als besonders schlimm, die Macht Jesu als besonders groß und das ganze Geschehen als besonders eindrucksstark darzustellen. Selbst wenn man nicht über-kritisch den Text betrachtet und sich durchaus klar darüber ist, daß diese für uns übertrieben wirkende Schilderung von Orientalen damaliger Zeit sicher anders empfunden wurde, so ist doch nicht zu übersehen, daß eine derart gestaltete Erzählung unter den übrigen Evangelientexten eine gewisse Ausnahme darstellt. Daran zeigt sich, daß sie auch dem damaligen Empfinden – wenigstens dem der neutestamentlichen Schriftssteller – sicher nicht in allen Stücken entsprach.

Ein Blick auf die Mattäusparallele läßt dies ja sofort erkennen: Mattäus ändert nicht nur die Ortsangabe; er kürzt die ausmalenden Züge. Er läßt die Namenserfragung und somit den Dämon-Namen „Legion“ fort. Er bezeichnet zwar die Schweineherde auch als groß, aber er nennt keine Zahl. Er bringt die Größe des Geschehens dadurch zum Ausdruck, daß er statt einem Besessenen zwei nennt und die Schwere des Krankheitsfalls, indem er auf die soziale Gefährlichkeit der Besessenen hinweist. Im ganzen konzentriert er die Erzählung – wie auch sonst – auf Jesus, der als „Sohn Gottes“ schon vor Ablauf der Zeit (V. 29!) gekommen ist, um alle Unheil wirkenden Mächte zu vernichten. Im Sinne dieser Konzentration verzichtet Mattäus auch darauf, am Schluß der Erzählung den Geheilten nochmals zu erwähnen. Bei aller Kürzung ist aber doch beachtenswert, daß Mattäus die Grundstruktur einer stilgemäßen Austreibungserzählung nicht angetastet hat. Im Gegenteil: Sie liegt bei ihm klarer vor und die Gedankenfolge ist konsequenter als bei Markus.

Ist der Markustext aus *einem* Guß oder entstand die vorliegende komplexe Gestalt erst durch einen längeren Überlieferungsprozeß aus einer ursprünglich einfacheren Form? Diese Ausgangsfrage können wir jetzt beantworten. Unsere Beobachtungen weisen eindeutig in eine Richtung: Der Text hat einen langen Entwicklungsprozeß hinter sich. Er weist einerseits das Grundschema einer antiken Austreibungserzählung auf, andererseits läßt er deutlich erkennen, daß dieses Schema durch eine Fülle von Einzelmotiven der Topik und novellistischer Ausgestaltung angereichert wurde. Die Doppelungen zeigen, daß die Einzelelemente erzählerisch nicht immer gut zusammengefügt worden sind. Wir müssen hier darauf verzichten, die Entwicklungsstadien des Textes genauer aufzuzeigen. Es wäre dafür die Arbeit am griechischen Urtext nötig.

Der Bericht von der Heilung des Besessenen und vom Untergang der Schweine ist in langer Überlieferung gewachsen.

Wir hatten schon anfangs vermutet, daß alle Angaben, die den See betreffen, nicht zum ursprünglichen Bestand der Erzählung gehörten, weil Gerasa zu weit entfernt liegt. Nach allem, was wir inzwischen noch am Text beobachten konnten, ist dies nur um so wahrscheinlicher. Das heißt aber: der Untergang der Schweine im See gehörte sicher nicht zum ältesten Erzählbestand, sondern ist nachträgliche Ausmalung des Strukturelements „Demonstration". Es gibt viele antike Beispiele für die Bannung der Dämonen ins Meer. Daß die große Zahl der Schweine unwahrscheinlich und ebenfalls ein späterer Zuwachs ist, darauf wies schon die Mattäusparallele. Ob aber in der Grundgestalt des Textes die Bannung der Dämonen in die Schweineherde überhaupt enthalten war, oder ob auch sie erst auf einer weiteren Erzählstufe hinzukam, ist nicht so sicher zu beurteilen. Für beide Möglichkeiten gibt es Gründe. Selbst wenn sie zur ältesten *Erzähl*schicht gehörte, verbürgt sie damit noch nicht ein wirklich so geschehenes *Ereignis*.

Auf die Erzählgestalt haben nicht nur außerbiblische Elemente eingewirkt, sondern auch alttestamentliche und urchristliche: Die Ausmalung des Krankheitszustands des Besessenen enthält Anklänge an die Schilderung heidnischen Unwesens nach Jes 65. Dort wird von den zum Heidentum abfallenden Israeliten gesagt, daß sie

> „in Gräbern hausen und in Höhlen übernachten, Fleisch von Schweinen essen . . . und auf den Bergen räuchern" (V. 4. 7).

Der Kennzeichnung heidnischen Unwesens durch die Schweine entspricht im weiteren Verlauf unserer Erzählung die Vernichtung der Herde, die dann im Sinne des Erzählers als Zeichen für die Überwindung des Heidentums zu verstehen ist.

In der Anrede der Dämonen an Jesus, den „Sohn des höchsten Gottes" treffen alttestamentliche und urchristliche Redeweise zusammen. Sie hat aber zugleich einen Bezug zum Heidentum. Aus dem Alten Testament kommt die Bezeichnung „höchster Gott“, urchristlich ist die Anwendung dieser Aussage auf Jesus in Form eines Bekenntnisses. Der heidnische Bezug besteht darin, daß schon im Alten Testament der Ausdruck „höchster Gott“ nur Nichtisraeliten in den Mund gelegt wird und in den Bereich der Begegnung Israels mit dem Heidentum gehört. Der Titel setzt ja in der Tat andere „Götter“ voraus.

Der Bezug nicht nur des Titels, sondern unserer ganzen Erzählung in der vorliegenden Form zum Heidentum kommt am Schluß ausdrücklich zur Sprache: der Geheilte soll in der hellenistisch-heidnischen Dekapolis verkünden, was der Herr ihm getan und wie er sich seiner erbarmt hat. Ähnlich wie am Schluß des Textes Seite 88 meldet sich auch hier das missionarische Interesse an der Heilstat Jesu zu Wort. Die Schlußsätze richten sich aber zugleich an jeden, der *heute* die Erzählung liest: *er* soll bedenken, was *ihm* in seinem Leben der Herr schon getan und wie er dies zur Hilfe für andere Menschen *weitervermitteln* kann.

Pan, ursprünglich dunkler Zwillingsbruder eines lichten Gottes, in Gesellschaft von Nymphen. Oft ruft sein Erscheinen „panischen“ Schrecken hervor.

5. Gibt es das Böse als personale Macht?

Wir haben nun Texte kennengelernt, die Jesus als Exorzisten darstellen. Sie machten uns zwei Dinge deutlich: 1. Jesus befreite wirklich Menschen von solchen Leiden, die im Urteil seiner Zeitgenossen als dämonische Besessenheit galten; 2. die Texte selbst sind nicht als protokollarische Berichte im Sinne moderner Tatsachendarstellung abgefaßt. Sie weisen eine Vielfalt von Gestaltungselementen der damaligen Zeit auf und haben über-

„Dort wurde er vom Teufel versucht ..." Wie die Erzählung im Neuen Testament stellt auch dieses Kapitell aus Autun den Teufel leibhaft und sinnenfällig dar.

dies eine klare Aussageabsicht: Sie stehen im Dienst der Heilsverkündigung. Dabei haben wir eine Frage noch nicht behandelt, die sich aber für Menschen unserer Zeit angesichts derartiger Erzählungen stellt: Waren es wirklich personale Mächte, waren es Teufel, die Jesus aus Menschen austrieb? Oder litten die Besessenen an Krankheiten, die man nur aufgrund damaliger unzulänglicher Kenntnis und einer überholten Weltdeutung, die an gute und böse Geister glaubte, als Besessenheit ansah? Derartige Fragen richten sich nicht nur an die Vergangenheit. Sie münden vor allem in die ganz aktuelle Frage: Wie sollen Christen heute das exorzistische Wirken Jesu fortsetzen: indem sie den Teufel in Person suchen, um ihn unschädlich zu machen, oder indem sie lebensgefährdende Mächte zu erkennen und sie in vielfältigem Engagement durch das Gute einzudämmen und zu überwinden suchen? Die Frage nach dem „Abschied vom Teufel“ [26] gehört heute zu den heißen Eisen in der theologischen Diskussion. Es kann hier unmöglich auf das ganze Problemfeld eingegangen werden. Der biblische Befund nötigt aber, folgende Gesichtspunkte zu beachten:

Fragen unserer Zeit

In den ältesten Schichten der Bibel (10. Jahrhundert v. Chr.) ist weder von guten noch von bösen Geistern die Rede. Das Verhältnis Gottes zum Menschen wird als ein enger Kontakt dargestellt, in Bildern wie: Jahwe geht mit Adam im Abendwind spazieren; er redet zu Abraham und Mose.

Etwas später hat sich Israels Gottesvorstellung schon in manchen Zügen gewandelt: Neben Jahwe oder an seiner Stelle erscheint der Bote Gottes, um den Menschen Gottes Willen kundzutun (Ex 3). Seit den letzten 2 Jahrhunderten vor Christus stellt man sich Gott als den ganz fernen vor. Der große Leerraum zwischen ihm und den Menschen wird nach den reli-

giösen Vorstellungen Israels mehr und mehr durch Zwischenwesen, Engel, ausgefüllt. Sie stellen nun den Kontakt zwischen Gott und Mensch her.

Diese Entwicklung ist auch für das Entstehen der Vorstellung von einer personifizierten bösen Macht wichtig. Sie nahm ihren Anfang bei der Frage, woher Schuld, Krankheit, Tod und letztlich das Böse komme. Die älteste Antwort der Bibel auf dieses Problem ist die Erzählung vom Sündenfall (Gen 3): Das Böse kommt nicht von Gott. Es ist durch den freien Willen des Menschen verursacht. Vom Teufel ist hier noch nicht die Rede, nur von der Schlange, die als Symbol einer listigen, unheimlichen, aber ganz Gott unterstellten Macht den Menschen verführt. Aus ebenfalls sehr alter Zeit stammt die Aussage: „Jahwe reizte den David", damit er eine Volkszählung veranstaltete, die aber Gott in Wirklichkeit mißfiel (2 Sam 24).

Die gleiche Szene wird etwa 600 Jahre später so ausgedrückt: „Und *Satan* reizte den David; (1 Chr 21; um 300 v. Chr.). Was war inzwischen geschehen? Man ertrug nicht mehr den Gedanken, daß *Gott* den Menschen versuche und hatte unter Einflüssen aus Israels Umwelt Vorstellungen von übermenschlichen Wesen aufgenommen, die zwar Gott untertan aber Widersacher der Menschen sind. Um 400 v. Chr. heißt es deshalb bereits im Buch Ijob, daß Satan als einer der „Söhne Gottes" und Mitglied des göttlichen Hofstaates die Menschen vor Gottes Richterstuhl verklage. Als Parallelentwicklung zum Ausbau der Engellehre hat sich in den letzten vorchristlichen Jahrhunderten in manchen Kreisen Israels eine regelrechte „Dämonologie" entwickelt. In ihr wurde aus dem Satan, dem Mitglied des himmlischen Hofes immer mehr ein selbständiges Wesen, von Gott gelöst und mit seinem Heer böser Geister in der Unterwelt hausend.

Auch wo wir die Dämonie der Macht, der Ideologie und der Verführung übermenschlich stark und „teuflisch" erfahren, wirkt das Böse durch Menschen.

Die Menschen, unter denen Jesus und die Schriftsteller des Neuen Testamentes lebten, teilten diese Auffassungen. Es ist deshalb nicht verwunderlich, daß im Neuen Testament von Engeln und Dämonen so die Rede ist, wie in Israel und seiner Umwelt allgemein. Aber zwei Beobachtungen machen deutlich, welcher Stellenwert diesen Vorstellungen im Neuen Testament zukommt:

1. Weder Jesus noch die neutestamentlichen Schriftsteller haben die vorhandenen Vorstellungen ausgebaut oder betont. Im Gegenteil: verglichen mit der Umwelt fällt eher eine maßvolle Zurückhaltung auf. So wie Engel und Dämonen erst am Rande des Alten Testamentes auftreten, so ist es auch mit dem Stellenwert ihrer Bedeutung im Neuen Testament: sie werden nicht um ihrer selbst willen erwähnt, sondern nur um des Heilswerkes Christi willen. Christus und sein Werk stehen ganz im Zentrum.

Das Neue Testament baut keine „Dämonologie" auf.

2. Die zentrale Aussage des Neuen Testamentes in Bezug auf die Dämonen besteht darin, daß Christus sie so bezwungen hat, daß sie die endgültige Herrschaft nicht davontragen können. Christus hat alle bösen Mächte ein für allemal entmachtet, letztlich in seiner Auferstehung.

Daraus ergibt sich, daß die Frage, ob das Böse als persönliche Macht existiert, wohl gar nicht so wichtig ist, wie sie manchmal dargestellt wird. Das Neue Testament klärt diese Frage nicht, betont aber, daß das Böse – wie es auch immer beschaffen sei – von Christus überwunden ist.

In einer wirklich bedenkenswerten Weise „persönlich" ist das Böse allerdings immer: Wo wir erfahrungsmäßig das Böse erleben, haftet es stets einem Menschen an. Immer nimmt es Gestalt an durch den Willen und das Handeln eines Menschen. Hier eröffnet sich aber ein Aspekt, der schon klar erkennen läßt, welche Impulse für ein notwendiges Engagement der Christen von den Exorzismen Jesu und den Dämonenbannungserzählungen der Evangelien ausgehen können: Gibt es nicht auch in unserer gegenwärtigen Welt „Mächte und Gewalten", welche die freiheitliche und menschenwürdige Entfaltung des einzelnen und der Gesellschaft hindern? Gibt es nicht eine Menge Einrichtungen, von Menschen geschaffen und gesteuert, die den Menschen wie eine Maschine, eine Sache oder einen Sklaven behandeln? Werden nicht viele Menschen unterdrückt und ungerecht behandelt, nur um der Selbstsucht, des Profits und der eigenen Idee anderer wegen? Üben nicht die Publikationsmittel Presse, Rundfunk, Fernsehen und der riesige Bereich der Werbung eine ungeheuere Macht über die Menschen aus, so daß sich heute immer drängender die Frage stellt: wieweit beherrschen diese über- und untermenschlichen Mächte den Menschen? Wieweit hemmen oder fördern sie seine Selbstverwirklichung? Schließlich muß sich jeder einzelne immer wieder fragen, ob er in der alltäglichen Begegnung mit anderen sowie im gemeinsamen Leben und Arbeiten, seinen Mitmenschen eher ein „Widersacher", das heißt wörtlich „Satan" oder Gottes Bote ist.

V. »Naturwunder«

Sturm am See Gennesaret. Fallwinde peitschen das Wasser auf.

Wunder geschehen an Menschen, Naturwunder an Gegenständen und an den Elementen der Natur. In den Evangelien gehören zu ihnen: die Wandlung des Wassers zu Wein in Kana, die Speisungswunder, der reiche Fischfang, Seewandel und Sturmstillung, die Verfluchung des Feigenbaums.

Wir setzen den Begriff „Naturwunder" bewußt in Anführungszeichen. Denn die Texte, die von ihnen berichten, sind nicht am Erweis naturwissenschaftlich nachprüfbarer Ereignisse interessiert. Sie richten auch diese Ereignisse ganz auf das Heil der Menschen aus. Sie sind in den Evangelien ebenso in den Dienst der Verkündigung gestellt wie die Exorzismen und Heilungen. Die für das Verständnis der Naturwunder wichtigen Einsichten kann man an fast jedem Text der soeben aufgezählten Ereignisse gewinnen. Wir wollen sie uns am folgenden Beispiel erarbeiten:

1. Der Seewandel Jesu

Mk 6, 45–52

45 Und sogleich forderte er
seine Jünger auf, ins Boot zu
steigen und vorauszufahren
nach Betsaida, während er
selbst das Volk entließ.

46 Und als er sie verabschiedet
hatte, ging er weg auf den Berg,
um zu beten.
47 Und als es Abend geworden
war, befand sich das Boot
mitten auf dem See und er war
allein an Land. 48 Und als er
sah, wie sie sich beim Rudern
abmühten – sie hatten nämlich
Gegenwind – kam er um die
vierte Nachtwache auf dem See
wandelnd zu ihnen. Und er
wollte an ihnen vorübergehen.
49 Als sie ihn aber auf dem See
wandeln sahen, meinten sie, es
sei ein Gespenst, und schrien
laut auf; 50 denn alle sahen
ihn und waren entsetzt. Er aber
redete sie sogleich an und
sprach zu ihnen: „Habet Mut,
ich bin es, fürchtet euch nicht!“

Mt 14, 22–33

22 Und sogleich forderte er die
Jünger auf, ins Boot zu steigen
und ihm ans jenseitige Ufer
vorauszufahren, während er die
Volksmassen entließ.

23 Und als er die Volksmassen
entlassen hatte, stieg er allein
auf den Berg, um zu beten. Als
es aber Abend geworden war,
war er allein dort. 24 Das
Boot aber war schon viele
Stadien vom Land entfernt,
schwer mit den Wellen kämp-
fend; denn es hatte Gegenwind.
25 In der vierten Nachtwache
aber kam er auf dem See wan-
delnd zu ihnen.
26 Als ihn aber die Jünger auf
dem See wandeln sahen, ent-
setzten sie sich, weil sie mein-
ten, es sei ein Gespenst, und
schrien vor Furcht. 27 Jesus
aber redete sie sogleich an und
sprach: „Habet Mut, ich bin es,
fürchtet euch nicht!“

28 Petrus aber antwortete ihm:
„Herr, wenn du es bist, so laß
mich auf dem Wasser zu dir
kommen!“ 29 Er aber sprach:
„Komm!“ Da stieg Petrus aus
dem Boot, wandelte über das
Wasser und kam auf Jesus zu.
30 als er aber den Wind sah,
bekam er Furcht und er begann
zu sinken und schrie laut:
„Herr, hilf mir!“ 31 Jesus aber
streckte sogleich seine Hand
aus, ergriff ihn und sprach zu

ihm: „Du Kleingläubiger, warum hast du gezweifelt?"

51 Und er stieg zu ihnen ins Boot, und der Wind legte sich. Da gerieten sie ganz und gar außer sich; 52 denn sie waren bei den Broten noch nicht zu Einsicht gekommen, sondern ihr Herz war verstockt.

32 Und als sie ins Boot gestiegen waren, legte sich der Wind. 33 Die im Boote aber fielen vor ihm nieder und sprachen: „Wahrhaftig, du bist Gottes Sohn!"

Jesus rettet den versinkenden Petrus — ein Sonderbericht des Mattäus über die Gefährdung des Glaubens.

„Naturwunder" bei Griechen, Römern und in der Buddha-Legende

Wie den Göttern und Halbgöttern, so traute das heidnische Altertum auch hervorragenden Menschen zu, über die Gewalten der Natur erhaben zu sein. Teils führte man derartige Begabungen auf Magie zurück, teils auf göttliche Kräfte. Lukian gibt die verbreitete magisch-volkstümliche Auffassung wieder, wenn er von einem gewissen Hyperboreer sagt, man sah ihn „bei hellichtem Tag durch die Luft daherfahren, auf dem Wasser gehen und mit gelassenen Schritten durchs Feuer spazieren . . ." [27] Das Wirksamwerden göttlicher Kräfte in den „göttlichen Menschen" bezeugen unter vielen anderen etwa Philostratos in seiner Biographie über Apollonius und Cicero, wenn er von Pompejus (106–48 v. Chr.), sagt, ihm seien „sogar Wind und Wetter zu Willen" gewesen.[28] Derartige Vorstellungen haben auch auf die Ausformung der Buddha-Legende Einfluß ausgeübt. Wir wählen ein Beispiel aus dem Kaschyapa-Zyklus.[29] In ihm wird die Überlegenheit Buddhas gegenüber dem einflußreichen Aszeten Kaschyapa aufgezeigt. Jede Einzelerzählung dieses Zyklus schließt mit der Formel Kaschyapas: „Doch auch ich bin ein Heiliger!"

> Einst begab sich der Erhabene hinüber zu einer Insel im Flusse Nairandschana. Gerade als er das Wasser durchschritt, schwoll es aber plötzlich an, so daß es den Kopf eines jeden Menschen überflutet hätte. Der Erhabene befand sich mitten im Wasser; doch auf allen vier Seiten blieben die Fluten vor ihm stehen, und ruhig schritt der Pfadvollender hindurch. Kaschyapa bemerkte den Vorgang von weitem und dachte: Der große Aszet besitzt derartige Kennzeichen, jetzt aber treibt ihn das Wasser dahin. Und er bestieg mit seinen Schülern ein kleines Boot und fuhr auf den Fluß. Da sah er, daß der Erhabene sich mitten im Strom befand, daß aber dort, wo er wandelte, die Fluten zurücktraten. Er fragte: „Großer Aszet, bist du noch am Leben?" Der Erhabene antwortete: „Kaschyapa, mein Leben ist nicht bedroht." Kaschyapa sagte: „Großer Aszet, möchtest du nicht in mein Boot steigen?" Da erschien der Erhabene mit Hilfe seiner übernatürlichen Kräfte plötzlich unbemerkt auf dem Boot. Als Kaschyapa dies wahrnahm, dachte er wiederum: „Derartige gewaltige übernatürliche Kräfte besitzt dieser große Aszet! Doch auch ich bin ein Heiliger!"

Auch im Judentum gibt es Meerwunder-Erzählungen. Sie beruhen aber nicht auf der Vorstellung, daß dem Wundertäter selbst göttliche Kräfte eignen, sondern sie gelten als *Gebetserhörungen* besonders frommer Juden und Erweis der *Überlegenheit* des Gottes Israel über die anderen „Götter". Der Jerusalemer Talmud berichtet:

In einem heidnischen Schiff, das auf dem Mittelmeer eine Seereise machte, befand sich ein jüdisches Kind. Als ein großer Sturm im Meer aufkam, standen alle auf, und jeder einzelne begann, seinen Götzen mit der Hand emporzuheben und anzurufen. Aber ohne Erfolg. Als sie sahen, daß sie keinen Erfolg hatten, sagten sie zu jenem Juden: „Kind, stehe auf, rufe zu deinem Gott; denn wir haben gehört, daß er euch antwortet, wenn ihr zu ihm schreit, und daß er stark ist." Da stand das Kind sogleich von Herzen gern auf und betete, und der Heilige – gepriesen sei er – nahm sein Gebet an; und das Meer schwieg (Berakot IX, 1).

Das offizielle Judentum stand dem Wunder sehr skeptisch gegenüber. Dennoch wurde eine Fülle von Wundergeschichten erzählt, verbreitet und überliefert.

Sind die heidnisch-hellenistischen Vorstellungen vom „göttlichen Menschen" und seinen Fähigkeiten einfach auf Jesus übertragen worden? Kann die Erzählung vom Seewandel Jesu auf diese Weise entstanden sein? Begünstigt würde eine solche Annahme durch die Tatsache, daß die Evangelientexte in einem Milieu geformt wurden, dem die soeben skizzierten Denk-

und Vorstellungsweisen vertraut waren. Ihr Einfluß ist nicht von vornherein auszuschließen. Wenn wir genauer zusehen, erkennen wir, daß der Text Teile enthält und eine Aussagerichtung hat, die sich von dem genannten Vorstellungshorizont her allein nicht erklären lassen. Stärker als vom hellenistischen Einfluß ist er vom *alttestamentlichen* Hintergrund und vom *Osterglauben* der Urchristenheit geprägt.

Ein befremdlicher Satz – für den Ausleger ein wichtiges Signal

Ungefähr in der Mitte des Erzählablaufs steht der Satz: „Und er wollte an ihnen vorübergehen." Er wirkt befremdlich. Heißt es nicht vorher, daß Jesus zu ihnen kommen wollte? Weshalb kam er überhaupt? Um ihnen zu helfen? Aber davon sagt der Text kein Wort, und die Erwähnung des „Gegenwinds" wirkt eher wie ein hinzugewachsener erklärender Zusatz. In der befremdlichen Aussage vom Vorübergehen liegt der Schlüssel für das Verständnis der ganzen Erzählung. Im Alten Testament wird immer wieder das Erscheinen Gottes als ein Vorübergehen dargestellt: Als Mose bittet, Gott möge ihn seine Herrlichkeit schauen lassen, bekommt er zur Antwort: „Siehe, da ist Raum neben mir; tritt auf den Felsen. Wenn dann meine Herrlichkeit vorübergeht, will ich dich in eine Kluft des Felsens stellen und meine Hand schützend über dich breiten, bis ich vorübergezogen bin" (Ex 33).

Der alttestamentliche Hintergrund

Als Mose zum zweitenmal auf dem Sinai das Gesetz erhält, heißt es: „Da fuhr der Herr in einer Wolke herab und trat daselbst neben ihn. Und als Mose den Namen des Herrn anrief, ging der Herr vor seinem Angesicht vorüber" (Ex 34).

Auch die Gotteserfahrung, die dem Propheten Elija auf dem Berg Horeb zuteil wurde, ist in dieser Weise dargestellt. Gott sprach zu Elija: „Geh hinaus und tritt auf den Berg vor den Herrn! Siehe, da ging der Herr vorüber" (1 Kön 19).

Für unseren Zusammenhang kommt es nur auf eines an: Das Erscheinen Jahwes, die Nähe, die er seinem Volk erweist, wird mehrfach mit dem Bild des Vorübergehens zum Ausdruck gebracht.

Weiterhin bekennen die Psalmen von Jahwe:

> „Dein Weg ging durchs Meer,
> und dein Pfad durch gewaltige Wasser,
> doch deine Spuren waren nicht zu erkennen" (Ps 77),

und der Dichter des Buches Ijob sagt von ihm:

> „Er allein ist es, der die Himmel ausspannt
> und einherschreitet auf den Meereswogen" (Kap. 9).

Meer und Wasserfluten gelten sodann im Alten Testament als „Bilder für die unheimlichen Mächte des Chaos und des Todes".[30]

Alle drei Motive, das Meer als Bild der lebensgefährdenden Mächte, das Bekenntnis zu Jahwe, dem alleinigen Herrn der Unheilsmacht und das Vorübergehen als Zeichen seiner rettenden und heilschenkenden Gegenwart sind Grundbestandteile unseres Textes. Daß zu dieser Verständnisweise der Text selbst anleitet, zeigt sich an weiteren Elementen: Jesus spricht die Jünger an mit dem dreigliedrigen Satz: „Habet Mut, ich bin es, fürchtet euch nicht!" Das erste Glied begegnet sowohl in hellenistischen Wundertexten wie auch oft als Aufmunterungsformel im Alten Testament. Das Ich-bin-Wort und die Aufforderung, sich nicht zu fürchten, weisen wiederum auf den alttestamentlichen Hintergrund: Jahwe offenbart sich dem Mose als „Ich bin der, der für euch da ist" (Ex 3) und Israel bekommt während der Notzeit des Exils gesagt: „... erkennt doch, daß ich es bin ... Ich bin der Herr, und außer mir ist kein Helfer" (Jes 43). Alle bisher aufgeführten Zitate gehören einem ganz bestimmten alttestamentlichen Motivzusammenhang an: dem der Erscheinung, der Epiphanie Jahwes. Gott tritt nach diesen Texten in Erscheinung, um sich in Selbstoffenbarung als Herr und Helfer zu erweisen. Zum In-Erscheinung-treten des Göttlichen gehört in den meisten Texten die Schilderung der Furcht auf Seiten des Menschen. Auch sie ist in unserer Erzählung ausgedrückt. Auf sie bezieht sich das letzte Glied in den Worten Jesu, und es entspricht ebenfalls ganz dem Stil der Epiphanietexte.

Unsere Überlegungen führen zum Schluß: Die Wundererzählung vom Seewandel Jesu wurde auf der Basis alttestamentlicher Überlieferungen vom Erscheinen Jahwes gestaltet.

Nun ist aber in dieser Erzählung nicht von Jahwe und seinem Bundesvolk, sondern von Jesus und seinen Jüngern die Rede. Seit wann wagten Menschen, die sich zum Gott Israels bekannten, die großen Inhalte ihres Bekenntnisses auch von Jesus auszusagen? Erst, nachdem sie ihn als Auferstandenen erfahren hatten! Da er sich ihnen nach seinem Tod dennoch

Der See Gennesaret bildet die Kulisse verschiedener Wunderberichte der Evangelien.

als lebend bei Gott erwies, erkannten sie, daß er wirklich der Herr über alle lebenbedrohenden Mächte, auch über die Macht des Todes, ist. Die Erzählung vom Seewandel Jesu setzt für ihre Entstehung aber auch für das Verstehen ihres Aussagegehaltes den christlichen Glauben an den auferstandenen Herrn voraus. Sie ist nicht nur eine Epiphanie-Geschichte, sondern sagt unter Verwendung alttestamentlicher Epiphanie-Motive begründeterweise über Jesus Christus mehr aus als das, was alttestamentlicher Gottesglaube von Jahwe bekannte. Sie ist eine *Christologie*-Geschichte.

Die Geschichte vom Seewandel Jesu erzählt, wer Jesus eigentlich ist.

In der Weise, wie sie uns im Markusevangelium begegnet, schließt sie mit einem eigenartigen Satz: die Jünger bleiben verständnislos. Dieser Schlußgedanke ist nur der Markusfassung des Textes eigen und entspricht genau der Gesamtkonzeption seines Evangeliums. Das Jünger-Unverständnis macht schon etwas von den Problemen deutlich, die im Glaubensleben eines jeden Christen vorhanden sind. Es zeigt aber zugleich, daß für Markus der Seewandel Jesu keineswegs als eine Demonstration verstanden wurde, die im Sinne eines Beweises zur notwendigen Einsicht führen mußte. Nur dem, der an den auferstandenen Herrn glaubt, erschließen sich Grund und Sinn dieser Erzählung.

Mattäus hat ganz andere Akzente gesetzt. Seine Darstellung schließt mit dem Bekenntnis: „Wahrhaftig, du bist Gottes Sohn!" Diese Änderung ist konsequent, denn Mattäus stellt in seinem ganzen Evangelium die Jünger nicht als die unverständigen dar. Mattäus legt den Jüngern das urchristliche, auf den Erfahrungen mit dem geschichtlichen Jesus und im Osterglauben beruhenden Bekenntnis zu Christus in den Mund [31].

Vor allem aber erweitert Mattäus den Markustext. Er erzählt, wie Petrus über den Rand des Bootes steigt, dem Herrn über die Wellen entgegengeht, dabei vom Zweifel befallen wird und zu sinken droht. Der Herr erfaßt und rettet ihn.

Mattäus hat aus dem Text des Markus eine Erzählung vom Glauben und Zweifel der Jünger gemacht.

Durch diese Einfügung gibt Mattäus dem Bericht einen neuen, aber für die Gemeinde wichtigen Sinn. Er schreibt ja für Leute, deren Glauben nicht mehr die Glut des ersten Anfangs besitzt. Ihr Glaube ist in der nüchternen Erfahrung dessen, was Christsein im gewöhnlichen Alltag und Zusammenleben bedeutet, mancher Anfechtung unterworfen. Da zeigt ihnen Mattäus, daß diese Erfahrung zum echten Jüngerleben gehört. Selbst Petrus, dem Felsen, erging es so! Er zeigt ihnen aber auch, wo es Rettung aus dieser Not und Krisensituation gibt: nicht beim Menschen, sondern beim Herrn. Er läßt auch den Sinkenden nicht im Stich.

Mattäus hat aus dem Text eine *Jüngererzählung* gemacht. Müssen wir nicht sagen, daß er dem Wunder Jesu den Stempel einer Aktualität aufgeprägt hat, der es auch für unser persönliches Leben noch wertvoll macht? Hat er damit nicht mehr getan, als wenn er nur einen protokollartigen Bericht geliefert hätte?

Der Künstler dieses Portalreliefs von Santa Sabina in Rom gab Christus den Stab, das Symbol der Macht und des Lebens, in die Hand: Er hat die Macht zu heilen, Leben und Freude zu geben.

2. Die anderen „Naturwunder“

Die Einsichten, die wir anhand der Erzählung vom Seewandel gewinnen, gelten grundsätzlich für alle Naturwunder, welche die Evangelien berichten. Alle Texte sind geprägt von alttestamentlichen Gestaltungselementen, vom Glauben an den auferstandenen Christus und vom berechtigten Bemühen, diesen Glauben in symbolstarken Bildern und theologischer Reflexion zu entfalten. In einem Überblick seien die wichtigsten Linien skizziert.

Johannes überliefert den Ortsnamen Kana. In einem versteckten Winkel Galiläas findet sich eine Ruinenstätte mit diesem Namen. Die Pilger aber besuchen das hier abgebildete Kefr Kenna bei Nazaret.

Im Bericht vom *Weinwunder* in Kana steht Christus im Mittelpunkt und „offenbart seine Herrlichkeit“ (Joh 2, 11), indem er die Fülle des Weines spendet. Der Text betont ausdrücklich die Fülle; denn er gibt ein Quantum von etwa 700 Litern an. Auch im hellenistischen Dionysos-Kult erwartete man in einer Nacht der jährlichen Festfeier die Epiphanie des Gottes durch Wandlung des Wassers in Wein. Der johanneische Text enthält aber Züge, die sich von dort nicht herleiten lassen. Die Fülle des Weines ist vielmehr in der alttestamentlichen Bildersprache ein Zeichen für die Heilszeit:

> „Und rüsten wird auf dem Berge der Herr . . .
> allen Völkern ein Mahl von fetten Speisen . . .
> von alten, geläuterten Weinen“ (Jes 25, 6).

Im Judentum zur Zeit Jesu sagt man, in der messianischen Zeit wird ein Esel nötig sein, um die Ernte eines einzigen Weinstocks fortzutragen, und eine Traube wird 30 Krüge Wein bringen. Die Erzählung vom Weinwunder macht deutlich: Christus ist der, durch den Gott die Heilszeit heraufführt und durch den er den Menschen die Fülle seiner Heilsgaben schenkt.

Die *Speisungswunder* haben eine ähnliche Ausrichtung. Daß es sich um eine Brotvermehrung handelt, sagt kein einziger Text. Immer wieder heißt es in den Berichten nur: „Alle aßen und wurden satt“ (Mk 6; Mt 14; Lk 9; Joh 6; Mk 8; Mt 15). Nicht auf einem Wunder an der Natur liegt der Akzent, sondern auf einem Geschehen, das der Not des Menschen abhilft. Brot ist neben Wein und Öl Grundnahrungsmittel in Israel und wird im

Alten Testament ebenfalls als Zeichen für die Zeit der Heilsvollendung angesehen:

> „Sie werden kommen und auf der Höhe des Sion sich freuen ...
> über den Segen des Herrn: über das Korn und den Wein und
> das Öl ..." (Jer 31).

Das Speisungswunder hat deutlich Vor-Bilder im Alten Testament: Die Mannaspeisung (Ex 16; Num 11) und die Speisewunder der Propheten Elija (1 Kön 17) und Elischa. Vom letzteren wird berichtet:

> Ein Mann kam ... und brachte dem Propheten Erstlingsbrote, zwanzig Gerstenbrote und Jungkorn in seinem Sack. Da sprach der Prophet: Gib den Leuten zu essen! Doch sein Diener entgegnete: Wie kann ich dies hundert Männern vorsetzen? Er aber erwiderte: Gib es den Leuten zu essen! Denn so spricht Jahwe: Ihr werdet essen und noch übriglassen. Da setzte er es ihnen vor. Sie aßen und ließen noch übrig, wie Jahwe verheißen hatte (2 Kön 4).

Die Erzählung vom Speisungswunder darf nicht als bloße Information mißverstanden werden. Sie ist Bekenntnis und Auftrag.

In dieser Erzählung wie in den anderen Speisungstexten spielt das Motiv der reichlich gespendeten Nahrung eine Rolle: die Leute essen, werden satt und lassen noch übrig. Das soll ausdrücken, daß Gottes Gabe nicht kleinlich bemessen ist und daß er den Hunger des Menschen wirklich stillen kann und es einmal vollendend tun wird. Die Speisungserzählungen des Neuen Testamentes bekennen, daß Christus der ist, durch den Gott den Hunger des Menschen endgültig stillt. Das Judentum zur Zeit Jesu erwartete den Mose der Endzeit, der das Manna erneut und in Fülle spenden würde. Jesus gilt für manche Gruppen der Urchristenheit als dieser zweite Mose. Die Evangelisten haben das Speisungswunder in Beziehung zur Feier des Herrenmahls gesehen. In dieser Sichtweise enthüllt sich auch der Sinn des Textes für heute: Christus bereitet uns den Tisch. Er gibt sich zur Speise, so daß alle davon essen können und immer noch für andere übrigbleibt. Er fordert uns aber auch bei jeder Mahlfeier auf: „Gebt ihr ihnen zu essen!" (Mk 6, 37).

Der *reiche Fischfang* ist verbunden mit der Einweisung des Petrus in seine neue Aufgabe „Menschenfischer" zu sein und dem Anschluß des Jakobus und Johannes an Jesus (Lk 5). Der Text ist eine Ausgestaltung des in einfacherer Form und ohne Wunder vorliegenden Berichtes von der Berufung des Petrus und Andreas, Jakobus und Johannes (Mk 1). Die neue Aufgabe des Petrus und das Bild vom reichen Fischfang entsprechen einander so sehr, daß man annehmen möchte, das Wunder sei die bildhafte Ausgestaltung des Verheißungswortes. Daß diese Ausgestaltung im Glauben an den auferstandenen Herrn geschah, wird deutlich durch den Blick auf das Johannesevangelium. Dort ist das ganze Geschehen direkt als nachöster-

Jesus gebietet dem personal dargestellten Sturm. Aus dem Evangeliar Ottos III., 10. Jahrhundert.

liches Ereignis dargestellt und Jesus spricht als Auferstandener den Petrus an (Joh 21).

Bei der *Stillung des Sturmes* spielt ähnlich wie beim Seewandel das Motiv eine Rolle, daß – wie im Alten Testament Jahwe – so nun Jesus Herr aller Mächte und auch der bedrohenden Naturgewalten ist. Besonders fällt auf, daß Jesus „dem Winde droht" und zu dem aufgewühlten See sagt: „Schweig, sei still!" (Mk 4, 39). Er behandelt Wind und See wie dämonische Mächte. Was dieses Geschehen bedeutet, kann wiederum nur im Glauben an Christus erschlossen werden. Markus läßt die Zeugen am Schluß die Frage stellen: „Wer ist dieser Mensch, daß ihm sogar Wind und Meer gehorchen?" Markus leitet dazu an, mit dieser Frage zu leben und sie nicht mit „Leerformeln" zu beantworten.

Besonders eigenartig mutet die *Verfluchung des Feigenbaumes* an.

Nur Markus und – von ihm abhängig – Mattäus berichten sie. Während alle anderen Wunder Jesu einen Bezug zum Heil des Menschen haben, liegt nur in diesem einen eine Art Strafwunder vor; aber ein Strafwunder recht seltsamer Art: ein Baum wird zum Ausdörren verurteilt, nur weil Jesus keine Frucht an ihm fand. Und dabei war es nicht einmal zur Zeit der Fruchtreife!

Eine seltsame Geschichte: Jesus verflucht einen Feigenbaum

> Und am anderen Morgen, als sie Betanien verließen, hungerte ihn. Da sah er von weitem einen Feigenbaum voller Blätter und ging hin, ob er vielleicht etwas daran fände. Als er aber zu ihm hinkam, fand er nichts als Blätter; es war nämlich nicht die Zeit der Feigen. Da redete er ihn an und sprach zu ihm: In Ewigkeit soll nie mehr jemand von dir Frucht essen. Und seine Jünger hörten es. Und als sie am (nächsten) Morgen vorbeikamen, sahen sie den Feigenbaum von den Wurzeln aus verdorrt. Da erinnerte sich Petrus und sprach zu ihm: Meister, sieh, der Feigenbaum, den du verflucht hast, ist verdorrt (Mk 11, 12–14. 20–21).

Manche Erklärer nehmen an, daß dieser Wunderbericht aus einem Gleichnis gebildet worden ist, das uns Lukas überliefert:

> Es hatte einer einen Feigenbaum in seinem Weinberg stehen, und er kam und suchte Frucht an ihm, fand aber keine. Da sprach er zum Weingärtner: Sieh, drei Jahre komme ich nun schon und suche Frucht an diesem Feigenbaum und finde keine. Hau ihn um, wozu saugt er den Boden aus? Der antwortete ihm: Herr, laß ihn dieses Jahr noch stehen, bis ich rings um ihn umgrabe und Dünger einlege. Vielleicht bringt er in Zukunft Frucht. Wenn nicht, dann hau ihn um! (13, 6–9).

Wenn man sich aber vorzustellen versucht, wie im Überlieferungsprozeß aus dem Gleichnis Jesu eine Tat Jesu geworden sein soll, und noch dazu eine so befremdliche, wie sie die Evangelien sonst kein zweites Mal berichten, so wird man sich auch mit dieser Lösung nicht zufrieden geben.

Vielleicht ist es gar nicht abwegig, ein wirkliches Geschehen im Leben Jesu anzunehmen. Man dürfte es nur nicht vordergründig betrachten. Die Handlung Jesu gewänne einen tiefen Sinn, wenn man sie von symbolhaften Handlungen her verstehen könnte, wie sie die Propheten des Alten Testamentes gewirkt haben. So erhielt zum Beispiel Jeremia von Gott den Auftrag, einen Tonkrug vor dem Volk zu zerschlagen und zu verkünden: So verfährt Gott mit euch, wenn ihr nicht auf sein Wort hört! (Jer 19, 1–13). In ähnlicher Weise wäre der verdorrte Feigenbaum ein Zeichen für Menschen, die sich dem Heilsruf Jesu verschließen.

Eine sichere und nach allen Seiten hin zufriedenstellende Erklärung wird man nicht geben können. Die Urkirche selbst stand vermutlich schon vor dem gleichen Problem wie wir: Lukas, der sonst weitgehend dem Markusbericht folgt, läßt dieses Wunder fort; Mattäus hat einige harte Züge des Markusberichtes bereits geglättet.

3. Was sollen wir also von den „Naturwundern" halten?

Der Überblick ergibt zusammengefaßt folgenden Befund: Die Naturwunder nehmen innerhalb der Wunderüberlieferung der Evangelien eine gewisse Sonderstellung ein. Sie sind im Verhältnis zu den Heilungen und Dämonenbannungen selten. Sie fehlen vollständig in der ältesten Schicht der Evangelien, der Spruchquelle Q. Sie fehlen ganz in den Reden Jesu und auch in den Sammelberichten, in denen die Evangelisten immer wieder die Hauptgruppen der Wunder Jesu summarisch zusammenfassen. Sie sind quellenmäßig schwach und erst relativ spät bezeugt: Das Weinwunder begegnet erst und nur bei Johannes; das Speisungswunder, obwohl sechsfach belegt, wurzelt doch nur in der Tradition des Markus und Johannes; der reiche Fischfang ist Sondergut des Lukas und kommt nur noch bei Johannes vor, dort aber als Variante und direkte Ostererzählung; der Seewandel beruht auf der markinischen und johanneischen Überlieferung; die Stillung des Sturmes und die Verfluchung des Feigenbaumes nur auf der markinischen.

wichtig!

Die Erzählungen über Naturwunder setzen den Osterglauben und die Deutung des Alten Testaments auf Christus hin voraus.

Die Erzählungen weisen sodann einen starken Symbolgehalt auf und lassen auf eine schon fortgeschrittene Stufe alttestamentlicher Schriftreflexion schließen, die von der Urkirche in den Dienst der Christusverkündigung einbezogen sowie für eine theologische Vertiefung und Entfaltung fruchtbar gemacht wurde. Mit Ausnahme vielleicht der Verfluchung des Feigenbaumes setzen alle Texte für das Entstehen ihrer vorliegenden Gestalt den Osterglauben der Urkirche voraus. Damit könnte auch die auffallende Tatsache zusammenhängen, daß diese Wunder als Geschehnisse dargestellt werden, die vor den Augen der Jünger geschehen. Beim reichen Fischfang, dem Seewandel, der Sturmstillung und der Verfluchung des Feigenbaumes ist diese Tatsache ganz deutlich und sie wird direkt in den Texten ausgesagt. Sie scheint aber auch für das Wein- und Speisungswunder zu gelten. Die Hochzeitsgesellschaft in Kana nimmt ja von dem wunderhaften Geschehen selbst nichts wahr, nicht einmal der Speisemeister! Die Diener „wissen" zwar davon, aber ihre Reaktion wird nicht geschildert. Nur von den Jüngern heißt es: „Sie glaubten an ihn." Ähnlich bei der Speisung nach dem Zeugnis der drei ersten Evangelien: Das Problem, wie die Menge Nahrung bekommen kann, wird nur zwischen Jesus und den Jüngern verhandelt. Nur sie wissen um den Kontrast zwischen der geringen Menge an Speise, der Sättigung aller und dem übriggebliebenen Rest. Lediglich Johannes äußert die Reaktion des Volkes auf das Wunder: Als die Leute das Zeichen sahen, das er getan hatte, sagten sie: „Das ist wirklich der Prophet, der in die Welt kommen soll" (6, 14).

Ob und wieweit die Einzelerzählungen auf konkrete Ereignisse im Leben des geschichtlichen Jesus zurückgehen, läßt sich nicht mehr beantworten. Die soeben skizzierte Beschaffenheit der Texte macht es schwerer als im Fall der Heilungen und Dämonenbannungen, einzelne konkrete Haftpunkte in der Zeit des vorösterlichen Jesus zu entdecken. Unser zurückhaltendes Urteil geht aber nicht etwa von der Behauptung aus, daß Ereignisse, wie sie in den Naturwundern vorliegen, unmöglich sind. Sondern der Vorbehalt gegen die Annahme geschichtlicher Einzelereignisse ergibt sich aus der theologisch-literarischen Eigenart der Texte. Für eine kritische aber gläubige Betrachtungsweise genügt es, zu wissen, daß derartige Zeugnisse urchristlicher Verkündigung auf zwei hinreichend begründeten Grundpfeilern beruhen: dem großen Eindruck, den das Leben und der Einsatz des geschichtlichen Jesus hinterließen, und der Erfahrung, die Menschen mit dem auferstandenen Herrn gemacht haben.

Auch die Darstellung der Hochzeit von Kana auf einem silbernen Behälter des 9. Jahrhunderts zeigt Christus mit dem Stab. Vergleichen Sie Seite 113.

VI. Totenerweckungen

Nach den Berichten der Evangelien hat Jesus drei Tote auferweckt: das Töchterlein des Jairus (Mk 5; Mt 9; Lk 8), den jungen Mann aus Nain (Lk 7) und den Lazarus (Joh 11).[32] Den *Sinn* dieser Texte erschließt am eindringlichsten der Evangelist Johannes:

1. Die Auferweckung des Lazarus

Damit Sie den Ausführungen besser folgen können, lesen Sie bitte zuerst das 11. Kapitel des Johannesevangeliums.

Der Verfasser des vierten Evangeliums sagt deutlich, weshalb er seine Schrift verfaßt hat: „Damit ihr glaubt, daß Jesus der Messias, der Sohn Gottes, ist und damit ihr glaubend das Leben habt in seinem Namen" (20, 31). Er bezeugt also in seiner Schrift seinen eigenen Glauben an Christus und will andere Menschen zu diesem Glauben führen.

Wie alle frühchristlichen Verkündiger der Botschaft Jesu – Apostel, Jünger, Evangelisten – ist auch Johannes durch das Ereignis von Tod und Auferstehung Jesu zu dieser tiefen Glaubensüberzeugung gelangt. Er selbst weist immer wieder darauf hin, daß erst nach der Auferstehung Jesu den Jüngern deutlich bewußt wurde, wer eigentlich dieser Jesus war und was er für die Menschen über seinen und ihren Tod hinaus bedeute.

Weil Jesus in seiner Auferstehung den Tod überwunden hat, ist Johannes überzeugt, daß in Christus die Fülle des Lebens wohnt. Ja, er bezeichnet ihn als „das Leben" (11, 25; 14, 6) und als den, der einzig und allein das Leben im umfassenden Sinn zu schenken vermag. Weil es ein und derselbe Jesus ist, der als Mensch lebte und starb, dann aber als Auferstandener seine Herrschaft über den Tod erwies, scheuen sich die Evangelisten nicht, bereits dem irdischen Jesus die Macht über den Tod zuzuschreiben. Die Überzeugung, daß Christus der Lebensspender sei, hat Johannes am eindrucksvollsten in der Erweckung des Lazarus dargestellt, und zwar als einziger der Evangelisten. Freilich zeigen schon die Totenerweckungen, die Markus, Mattäus und Lukas von Jesus berichten, daß der Glaube an ihn, den Lebensspender, nicht erstmalig bei Johannes seinen Ausdruck findet. Einzelne Punkte in der Darstellung des Johannes berühren sich sogar mit den Erweckungs-Texten der älteren Evangelien: Jesus bezeichnet den Tod des Lazarus wie den des Mädchens nur als „Schlaf" (Joh 11, 11; Mk 5, 39); die Erweckung geschieht durch ein fast gleichlautendes Befehlswort Jesu: „Lazarus, komm heraus!" – „Junger Mann, ich sage dir, steh auf!" –

Ein Bucheinband mit Elfenbeinschnitzereien des 11. Jahrhunderts stellt die drei Totenerweckungen dar, von denen die Evangelien berichten.

„Mädchen, ich sage dir, steh auf!“; nach der Erweckung gibt Jesus noch eine Anweisung: „Löst ihm die Binden und laßt ihn gehen!“ (Joh 11, 44) – „und er sagte, man solle ihr zu essen gehen“ (Mk 5, 43) oder er handelt selbst: „und er gab ihn seiner Mutter“ (Lk 7, 15). Zum Teil handelt es sich bei diesen übereinstimmenden Punkten um topische Elemente, die auch in alttestamentlichen und außerbiblischen Erweckungserzählungen begegnen. Eine literarische Abhängigkeit der Darstellung im Johannesevangelium von den Erweckungs-Texten des Markus und Lukas läßt sich nicht erweisen. Sie fußt vielmehr auf einer eigenständigen, stark jüdisch geprägten Überlieferung und zeigt in ihrer heutigen Form die Meisterschaft typisch johanneischer Gestaltungskunst. Wir verzichten in diesem Fall wegen der außergewöhnlichen Länge des Textes auf eine wörtliche Wiedergabe, umschreiben und verdeutlichen aber den gesamten johanneischen Text so, daß Aufbau, Inhalt und wichtige Einzelaussagen des Ganzen vermittelt werden.

Näheres zur Topik finden Sie auf den Seiten 56 und 57.

Am Jordan spielt die erste Szene der breiten Erzählung über die Erweckung des Lazarus

Erste Szene. Am Ostufer des Jordan. Jesus wird benachrichtigt; Lazarus ist krank. Obwohl beide Freunde sind, macht sich Jesus nicht sofort auf den Weg zu ihm. Er erklärt: Die Krankheit führt nicht zum Tod, sondern dient der Verherrlichung Gottes. Noch zwei Tage vergehen. Dann erst zieht Jesus nach Betanien. Seinen Jüngern sagt er: „Lazarus schläft, aber ich gehe, ihn aufzuwecken." Er weiß: Lazarus ist inzwischen schon tot. Die Jünger aber mißverstehen ihn und antworten: „Wenn er schläft, wird er gesund werden." Jesus muß es ihnen deutlicher sagen: „Lazarus ist gestorben. Ich freue mich aber, daß ich nicht dort war, und zwar um euretwillen, damit ihr glauben lernt."

In dieser Einleitung klingt schon an, worum es Johannes in diesem Bericht geht: Gott soll durch das bevorstehende Geschehen verherrlicht werden. Verherrlichung Gottes aber heißt für den Evangelisten, daß die Menschen erkennen: Jesu Wirken ist Wirken Gottes. Wer das anerkennt, glaubt. Jesu Tat soll zum Glauben führen. Von diesem Gedanken her erhalten die Einzelzüge der Einleitung ihren Sinn: das absichtliche Verschieben des Aufbruchs, das souveräne Wissen Jesu, das Unverständnis der Jünger.

Hinter den Szenen unserer Erzählung umkreist der Evangelist das Thema des Glaubens.

Zweite Szene. Vor dem Dorfe Betanien. Marta, eine Schwester des Toten, kommt Jesus entgegen: „Wärest du hier gewesen, so wäre mein Bruder nicht gestorben. Aber auch jetzt weiß ich: Gott wird dir alles geben, was du von ihm erbittest." Jesus antwortet: „Dein Bruder wird auferstehen." Marta kann dieses Wort den Vorstellungen ihres Volkes entsprechend nur verstehen als eine Auferstehung am Jüngsten Tage. Jesus aber meinte etwas anderes, etwas, das Marta bisher noch nie gehört hat:

> „Ich bin die Auferstehung und das Leben. Wer an mich glaubt, wird leben, auch wenn er gestorben ist."

Auf die Frage, ob sie das anerkenne, antwortet Marta: „Ja, Herr, ich glaube: Du bist der Messias, der Sohn Gottes, der in die Welt kommen soll."

Nun ruft sie auch ihre Schwester Maria herbei. Sie kommt, begleitet von den Leuten des Dorfes, die zur Totenklage bei ihr waren. Sie begegnet Jesus mit dem gleichen Wort wie vorher Marta: „Wärest du hier gewesen, so wäre mein Bruder nicht gestorben." Aber im Unterschied zu Marta spricht sie nicht weiter. Sie sagt nur, was alle Umstehenden ebenfalls denken: Der Wundertäter hätte doch den kranken Bruder heilen können. Aber der Gedanke, daß ihm auch die Macht über den Tod gegeben ist, kommt ihnen nicht. Sie beklagen nur das Zuspät.

In dieser Szene führt der Evangelist das Thema des Glaubens weiter. Glauben meint hier: Jesus als den erkennen und anerkennen, der das Leben ist und dem Menschen das Leben in seiner ganzen Fülle geben kann. Der Glaube an Christus führt zum Leben.

Diesem Gedanken ist auch die Gegenüberstellung der beiden Schwestern dienstbar gemacht. Marta ist der Mensch, der sich dem Worte Gottes

Blick über Betanien. Zwischen den beiden Kirchen zeigt man heute den Ort des Lazarusgrabes.

öffnet, es aufnimmt und sich von ihm weiterführen läßt. Maria dagegen erscheint nur als die Klagende. In ihr regt sich weder die Ahnung noch die Hoffnung, daß Größeres geschehen könne, als was sie bisher erlebt und erfahren hat.

Dritte Szene. Am Grabe des Lazarus.

Jesus befiehlt, den Stein vor der Grabhöhle wegzuheben. Marta wendet ein, der Tote liege hier schon vier Tage. Er sei schon in Verwesung. Ihr Glaube reicht noch nicht weit. Die Zerstörung des Lebens durch die Todesmacht ist schon sehr fortgeschritten. An eine Rückkehr des Lebens in den zerstörten Leib hier und jetzt wagt auch Marta nicht zu denken. Doch der Herr besteht auf seinem Wort. Man öffnet das Grab. Noch bevor etwas Außerordentliches sich ereignet, dankt Jesus schon dem Vater für die Erhörung. Dieses Gebet soll die Umstehenden – aber auch die Leser des Textes – erkennen lassen: was jetzt geschehen wird, ist Tat Gottes. Dann ruft Jesus mit lauter Stimme: „Lazarus, komm heraus!" Das Unerwartete geschieht: Der Tote kommt aus dem Grabe. Seine Hände und Füße sind noch umwunden, das Gesicht mit einem Tuch bedeckt. Jesus gibt nur noch die Weisung, den ins Leben Zurückgekehrten von den Binden zu befreien und ihn gehen zu lassen.

Mit meisterhafter Dramatik hat Johannes das Geschehen bis zu seinem Höhepunkt geführt. Nach diesem Wunder braucht keine Diskussion Jesu mit seinen Gegnern mehr zu folgen, wie wir dies bei Johannes gewohnt sind. Kein Anhang muß den zeichenhaften Sinn der Tat Jesu erhellen. Was Jesu Tat bedeutet, ist schon in den beiden hinführenden Gesprächs-Szenen vom Evangelisten gesagt worden: Jesus offenbart sich als Spender des Lebens („Ich bin das Leben“). Der Glaube an ihn ist der Weg zum Leben.

Neben der Gestaltungsart zeigt die Einordnung der Erzählung in den Gesamtaufbau des Evangeliums deutlich die Absicht des Evangelisten: Die Erweckung des Lazarus ist das letzte Wunder Jesu, das Johannes berichtet. Mit ihm schließt nach Johannes die Zeit des öffentlichen Wirkens Jesu. Diese letzte Tat Jesu gibt den Anlaß für den unmittelbaren und endgültigen Zugriff seiner Gegner. Sie wird Jesus an das Kreuz bringen.

Der Evangelist zeigt durch den Platz, an den er die Lazaruserweckung gestellt hat, daß Jesu Weg zum Kreuz zugleich der Weg zur Überwindung des Todes ist. Er führt zur Auferstehung und Verherrlichung. Wie Jesus die Macht des Todes, die über Lazarus lag, gebrochen hat, so wird er den Tod, der ihn selbst bald umfangen wird, zum Leben wenden. Durch diesen Tod wird er auch den Glaubenden das Leben schenken.

Gestaltung und Einordnung des Berichtes lassen erkennen, daß auch er jener Aussageabsicht ganz untergeordnet ist, die den Evangelisten zur Abfassung seines gesamten Werkes veranlaßte und ihn dabei ständig leitete:

Jesus ruft den Lazarus. Byzantinische Steinmetzarbeit: links der Lebensbaum; rechts Einweihungsstufen zum Grab, in dem Lazarus „steht“; im Zentrum Christus, der gebieterisch seinen Stab dem Toten entgegenstreckt.

nämlich zu zeigen, wer Christus ist, den eigenen Glauben an ihn zu bekennen und andere Menschen zu diesem Glauben zu führen.

Johannes hat auf diese Weise erreicht: Die Erweckung des Lazarus will nicht als ein Ereignis verstanden werden, das sich irgendwann einmal in irgendeinem Winkel dieser Welt an irgendeinem einzelnen Menschen aus vielleicht absonderlichen Gründen zugetragen hat. Darüber hinaus richtet er durch seine Darstellung eindringlich die Frage an jeden von uns: Glaubt ihr euer Dasein aus eigener Kraft und im Vertrauen auf euch selbst vollenden zu können, oder wollt ihr nicht eher eure Hoffnung auf den setzen, von dem die Kirche bekennt: Er ist die Auferstehung und das Leben?

2. Die Erweckung zu Nain und ihre hellenistische „Parallele"

Nebeneinander hat der Bildhauer dieses frühchristlichen Sarkophags Szenen aus der Heiligen Schrift dargestellt. Rechts die Erweckung des jungen Mannes.

Der Evangelist Lukas berichtet als einziger neutestamentlicher Schriftsteller eine Totenerweckung vor den Toren des Städtchens Nain. Ungefähr 120 Jahre später finden wir in der Apolloniusbiographie des Philostratos eine Erweckungserzählung aus heidnischer Umwelt. Sie war nicht die einzige der damaligen Zeit. Aber gerade sie eignet sich besonders gut zu einem Vergleich mit einem Text der Evangelien.

Wir vergleichen eine Erweckungserzählung der Evangelien mit einem Erweckungsbericht des Philostratos, den wir auf Seite 84 kurz vorgestellt haben.

Lukas

Und es begab sich in der Folgezeit, da wanderte er nach einer Stadt namens Nain, und seine Jünger und viel Volk wanderten mit ihm. Als er aber in die Nähe des Stadttores kam, siehe, da trug man einen Toten heraus, den einzigen Sohn seiner Mutter, und die war Witwe. Und eine große Volksmenge aus der Stadt begleitete sie.

Und als der Herr sie sah, erfaßte ihn Mitleid mit ihr, und er sprach zu ihr: „Weine nicht!"

Und er trat hinzu und berührte den Sarg. Die Träger blieben stehen. Und er sprach: „Junger Mann, ich sage dir: steh auf!" Da richtete sich der Tote auf und begann zu sprechen; und er gab ihn seiner Mutter.

Da ergriff alle Furcht, und sie priesen Gott und sprachen: „Ein großer Prophet ist unter uns erstanden", und: „Gott hat sein Volk gnädig heimgesucht." Und die Kunde über ihn verbreitete sich in ganz Judäa und in der ganzen Umgebung (7, 11–17).

Philostratos

Ein Mädchen, im Begriff zu heiraten, schien gestorben zu sein, und der Bräutigam folgte ihrer Bahre. Er klagte über den frühen Tod seiner Braut. Rom trauerte mit ihm, denn das Mädchen gehörte einer Konsularenfamilie an. Apollonius kam gerade dazu und erfuhr von dem Leid.

Er sagte: „Setzt die Bahre ab! Ich werde euch die Tränen stillen, die ihr über das Mädchen weint." Und sogleich fragte er, wie es heiße. Die Menge dachte, er wolle eine Rede halten, wie es beim Leichenbegräbnis üblich ist, um die Totenklage anzuregen. Aber statt dessen berührte er das Mädchen nur und flüsterte ihm etwas zu. Er erweckte es vom scheinbaren Tod. Und das Mädchen sprach und ging in das Haus ihres Vaters, so wie einst Alcestis, als sie durch Herkules zum Leben zurückgebracht worden war. Die Verwandten des Mädchens wollten dem Apollonius 150 000 Sesterzen geben. Aber er sagte, er wolle sie dem Mädchen zur Mitgift hinzufügen.

Ob er noch einen Lebensfunken in ihr entdeckte, den die Ärzte nicht bemerkt hatten . . . oder ob das Leben wirklich erloschen war und er es durch die Wärme seiner Berührung wieder herstellte, ist ein äußerst schwieriges Problem, welches weder ich, noch die, welche anwesend waren, lösen können (IV, 45).

Gemeinsamkeiten

In acht Punkten stimmen die Texte des Lukas und des Philostratos überein:

1. Ein Trauerzug ist unterwegs zur Bestattung.
2. Unter den Trauernden befindet sich ein besonders schwer betroffener Mensch.
3. Der Wundertäter begegnet dem Zug.
4. Von Mitleid bewegt, tröstet und ermutigt er.
5. Durch Berührung und Wort bewirkt er die Erweckung.
6. Der (die) Erweckte reagiert durch Lebenszeichen.
7. Reaktion der Zeugen.
8. Im ganzen ein gleicher Geschehensablauf.

Dennoch sind die Unterschiede erheblich. Wir stellen die einzelnen Punkte einander gegenüber.

Unterschiede

Lukas	**Philostratos**
junger Mann	Mädchen
der Mann ist wirklich gestorben	das Mädchen ist scheintot
Der Wundertäter holt keine Erkundigungen ein	Der Wundertäter fragt nach dem Namen
Erweckung durch Berühren des Sarges und machtvolles Wort	Erweckung durch Berühren der Toten und Flüstern (geheimer?) Worte
bewußte und zum Teil wörtliche Anlehnung an alttestamentliche Erweckungserzählungen	ausdrückliche Anspielung auf die griechische Mythologie
Reaktion der Umstehenden: Furcht vor dem in Erscheinung getretenen Göttlichen; Lobpreis Gottes. Das Geschehen wird als Tat eines großen Propheten und gnädige Zuwendung Gottes zu seinem erwählten Volk verstanden	Reaktion der Angehörigen: Geldangebot an den Wundertäter
Feststellung, daß sich die Heilsbotschaft von Jesus in Judäa und Umgebung verbreitet	Erwägungen, die den Erweckungsvorgang „erklären" wollen.

Philostratos bietet eine stilechte hellenistische Erweckungsgeschichte. Die Erzählung bei Lukas entstand im frühen Judenchristentum, wurde allerdings stilisiert und geprägt durch einzelne topische Züge und das Schema hellenistischer Erweckungsgeschichten. Daß eine schematische Darstellung vorliegt, erkennt man sofort, wenn man sich einerseits die Ungeheuerlichkeit des Geschehens vergegenwärtigt und andererseits den distanziert wirkenden Text liest. Auf frühchristliche Entstehung weisen zwei Dinge:

Jesus wird als Prophet bezeichnet und mit Elija in Zusammenhang gebracht. Beide Momente gehören in eine frühe Phase des Urchristentums.

Daß der Herkunftsbereich jüdisch geprägt war, zeigt sich an ebendiesem Interesse, das Wirken Jesu auf dem Hintergrund der Wirksamkeit des Propheten Elija zu sehen. Von ihm berichtet das 1. Buch der Könige im Kapitel 17, daß auch er den Sohn einer Witwe vom Tode erweckte. Wie bei Lukas heißt es gegen Ende jenes Textes: „und er gab ihn seiner Mutter". Durch diesen gestaltenden Rückgriff auf die Elija-Überlieferung hat der Er-

Blick vom Tabor auf den Giv'at ha More, an dessen Fuß zwei Orte liegen, die mit Erweckungsberichten verbunden sind: Schunem (vgl. 2 Kön 4) und Nain.

zähler aber nicht nur deutlich machen wollen: auch Jesus ist ein Prophet, ein Gottesmann. Es gilt vielmehr zu beachten, daß im Judentum zur Zeit Jesu Elija als Prophet galt, dessen Rückkehr man als Zeichen für den Anbruch der Endzeit erwartete. Jesu Wirken, auch die Erweckung des jungen Mannes, wird durch den Bezug zu Elija nicht nur als Tat eines großen Propheten, geschweige denn irgendeines Wundertäters verstanden, sondern als Zeichen für den Anbruch der Heilszeit und endzeitlicher Totenerwekkung. Daß der Lukastext gegenüber dem Bericht des 1. Königsbuches noch eine Reihe überbietender Parallelen enthält, unterstreicht diesen Aussagesinn nur noch.

Als judenchristlich erweist sich die Erzählung durch ihr Interesse an Jesus. Sie bekennt, daß Gott sich durch ihn seinem Volk heilwirkend zugewandt hat. Zu dieser Heilszuwendung gehört auch die Erweckung vom Tod. Sie wurde am deutlichsten in der Auferweckung Christi selbst. In ihr liegt der tiefste Grund für die Wahrheit des Bekenntnisses, das Lukas in seiner Erzählung ausdrückt, für die Hoffnung, die er damit aufrichtet und für das Gotteslob, zu dem er am Schluß einlädt.

Zwei grundverschiedene Welten tun sich auf, wenn man so den Text des Philostratos und den des Lukas, die Tat des Apollonius und die Tat Jesu miteinander vergleicht. Der Hauptunterschied liegt nicht in der Verschiedenheit der historischen Beurteilung: jene sei eine Erweckung vom Scheintod, diese vom wirklichen Tod, jene sei nur erfunden, diese dagegen wirklich geschehen – sondern er besteht vor allem in der grundverschiedenen Sinngebung des berichteten Geschehens. Nur oberflächliche Kenntnis kann urteilen: hier wie dort wird eine Totenerweckung erzählt, also ist ja doch alles dasselbe.

Titelseite von „Bibel heute“, der Zeitschrift des Katholischen Bibelwerks, Heft 18, das dem Thema Wunder gewidmet war.

3. Hat Jesus wirklich Tote erweckt?

Im Jahre 1969 versuchte ich in einem Beitrag der Zeitschrift „Bibel heute“ den Sinn der Totenerweckungen Jesu am Beispiel der Lazaruserzählung zu erschließen. In diesem Beitrag wurden ganz ähnliche Gedanken wie im vorliegenden Abschnitt vorgetragen. Darauf stellte ein Leser die Frage:

> Handelt es sich nun bei der Auferweckung des Lazarus um ein historisches Ereignis oder nicht? Da gibt es doch nur ein Entweder - Oder, bestenfalls ein: Wir wissen es nicht. Aber diese Redeweise, daß das Geschehen als solches nicht so wichtig sei, sondern nur der an die Auferstehung Christi geknüpfte Sinn, ist vermutlich nur eine Umschreibung dafür, daß man den naiven Gläubigen die eigene Überzeugung, nämlich daß die Auferweckung des Lazarus doch nur ein „Märchen“ sei, noch nicht zu bieten getraut.

Die Frage, ob Jesus wirklich Tote erweckt hat, wird in fast jedem Bibelarbeitskreis, und zwar meistens zugespitzt auf die Lazaruserweckung, gestellt. Versuchen wir also, sie zu beantworten. Wir wollen eine Antwort erarbeiten, indem wir die Erweckung des Lazarus im Zusammenhang mit anderen Totenerweckungen und ihrer Beurteilung sehen, und sodann die Erzählung selbst unter Berücksichtigung ihrer konkreten Gestaltungsart auf ihre Geschichtlichkeit hin prüfen.

Vorausgeschickt sei aber noch eine grundsätzliche Erwägung zur Frage nach der Möglichkeit bzw. Unmöglichkeit von Totenerweckungen. Nicht hinreichend begründet ist eine Grundeinstellung, die von Behauptungen ausgeht wie: „So etwas kann ich mir nicht vorstellen“, „So etwas ist doch unmöglich“, „So etwas kann es doch gar nicht geben“. Diese Aussagen beruhen auf der Annahme, daß nur das Wirklichkeit ist bzw. sein kann, was man sich selbst vorzustellen vermag oder was man selbst und andere erlebt und erfahren haben. Der Maßstab wird hier losgelöst vom Gottesglauben gesetzt. Wo aber Gott ernstgenommen wird im Sinne des christlichen (aber auch jüdischen) Gottesglaubens, sind Geschehnisse wie Totenerweckungen grundsätzlich nicht ausgeschlossen. Wer Gott als den Schöpfer und Lebensspender bekennt, wird an der *Möglichkeit* von Totenerweckungen nicht zweifeln, und noch weniger der, der von der Auferwekkung Jesu (allerdings nicht in das Diesseits!) überzeugt ist. Kurz: Wer Gott glaubt, „der Nichtseiendes ins Dasein ruft und der Totes lebendig macht" (Röm 4, 17), wird die *Möglichkeit* von Totenerweckungen anerkennen. Die Frage ist aber: *Hat* Gott wirklich Menschen vom Tode in das Erdenleben zurückgerufen? Diese Frage entscheidet sich daran, wie genau die Diagnose der Todesgewißheit und wie zuverlässig die Berichterstattung der Quellen sind, die derartige Geschehnisse mitteilen.

Das Motiv des lebensschenkenden Christus auf einem Goldglas aus der Saturninus-Katakombe in Rom

Totenerweckungen: oft berichtet

Totenerweckungen werden im Alten Testament von den Propheten Elija und Elischa berichtet (1 Kön 17; 2 Kön 4). Sie erwecken je den Sohn einer Mutter. Außerdem wird ein toter Mann wieder lebendig, den man beim Begräbnis des Propheten Elischa in das noch offene Grab legt (2 Kön 13).

Das Neue Testament schreibt neben Jesus den Aposteln Petrus und Paulus je eine Erweckung zu (Apg 9; 20); die Jünger erhalten den Auftrag: „heilt Kranke, weckt Tote auf!" (Mt 10). In der Todesstunde Jesu öffnen sich die Gräber und Tote erscheinen in der Stadt (Mt 27).

Das jüdische Schrifttum betont zwar, daß Gott allein die drei Schlüssel besitzt: für den Himmel, das heißt zum Regen, für den Mutterschoß, das heißt zur Geburt, und für das Totenreich; dennoch werden mehreren Rabbinen Totenerweckungen zugeschrieben. Sie geschehen durch die Kraft Gottes.

Aus dem Hellenismus lernten wir schon den Text über die von Apollonius vorgenommene Erweckung kennen.

Die Apokryphen berichten einige Totenerweckungen bereits vom Jesusknaben und eine große Zahl durch die Apostel. Wie phantastisch sie ausfallen, zeigt folgender Text aus dem Kindheitsevangelium des Thomas[33]:

> Und nach einigen Tagen spielte Jesus auf einem Dach auf dem Söller, und einer von den Knaben, die mit ihm spielten, stürzte vom Dach herunter und starb. Und als das die anderen Knaben sahen, flohen sie, und Jesus blieb allein dort stehen. Da kamen die Eltern des Gestorbenen und beschuldigten ihn: „Du hast ihn heruntergeworfen." Und Jesus antwortete: „Ich habe ihn nicht heruntergeworfen." Jene aber wollten gegen ihn tätlich werden. Da sprang Jesus vom Dache herab und stand bei der Leiche des

Knaben und rief mit lauter Stimme: „Zenon", – so hieß er nämlich – „stehe auf und sage mir: habe ich dich heruntergeworfen?" Und er stand sofort auf und sagte: „Nein, Herr, du hast mich nicht heruntergeworfen, vielmehr mich auferweckt." Und die es sahen, erschraken. Die Eltern des Knaben aber priesen Gott für das geschehene Wunder und fielen vor Jesus nieder.

Die christliche Literatur überliefert von vielen Heiligen, daß sie während ihres Lebens Tote erweckt haben sollen. Zu ihnen gehören Martin von Tours, Benedikt, Franz von Assisi und Don Bosco. Anderen Heiligen schreibt man Totenerweckungen zu, die auf ihre Fürbitte hin geschehen seien, zum Beispiel: Maria, Stefan, Elisabeth und Hedwig.

Die genannten Phänomene haben – wie zu erwarten – die verschiedensten „Erklärungen" gefunden: Die Skala reicht vom wirklichen, wörtlichen Ernstnehmen der Berichte über Scheintothypothesen und parapsychologische Erklärungen bis zu der Auffassung, es handle sich bei derartigen Texten nur um Legenden, Symbolerzählungen oder – vor allem bei den biblischen Texten – um die Übertragung des Mythos vom sterbenden und wiedererstehenden Sonnengott auf die Propheten oder Jesus. Meines Erachtens geht aus dem gesamten Quellenmaterial nicht mit genügender Sicherheit hervor, daß auch nur in einem einzigen Fall ein wirklich Toter in das irdische Leben zurückgekehrt ist:

Kritische Wertung der Berichte über Totenerweckungen

1. In den Berichten, wo der Tod als sicher eingetreten vorausgesetzt werden kann, ist die Erweckung nicht hinreichend sicher verbürgt.
2. In den Berichten, wo eine Handlung als sicher vorausgesetzt werden kann, die man dann als Erweckung bezeichnete, ist der wirkliche Todeszustand nicht sicher.
3. In den Berichten, wo beide – Tod und Erweckung – in aller Deutlichkeit hervorgehoben sind (z. B. Lazarus: 4 Tage im Grab; wirkliches Herauskommen, Weggehen), ist der auf die Heilsverkündigung ausgerichtete Charakter der Erzählung so stark, daß an der Geschichtlichkeit der Einzelheiten mit Recht gezweifelt werden kann.

Noch weitere Punkte erschweren das Urteil, ob wirklich Tote in das Erdenleben zurückgekehrt sind:

- ☐ Das Phänomen Tod und das wirkliche Eintreten des Todes ist sogar in der heutigen Medizin ein nicht vollständig geklärtes Problem. In den Berichten aus der Antike kann man keine exakte Diagnose voraussetzen; Fälle von Scheintod und Todeskrankheit sind nicht auszuschließen.
- ☐ Allen biblischen Berichten und den meisten anderen Texten liegen Volkserzählungen zugrunde. Im Bericht von der Erweckung des Mädchens heißt es nach Markus, Jesus werde von Jairus zur „todkranken Tochter" gerufen (5, 23). Erst bei der Ankunft, die sich durch ein dazwischen gekommenes Ereignis hinausschiebt, findet Jesus das Mädchen tot. Im Unterschied zu dieser Darstellung verdeutlicht bereits Mattäus: Jesus wird von Anfang an zu einem Mädchen gerufen, „das soeben gestorben ist" (9, 18). Weiter-

hin will beachtet sein: der Sprachgebrauch war fließend: Aussätzige wurden im Judentum zuweilen als „Tote" bezeichnet; wer aus Todesgefahr errettet wurde, konnte als „dem Tod entrissen", „vom Tode ins Leben zurückgekehrt", „vom Tode errettet" bezeichnet werden.

☐ Alle neutestamentlichen Texte setzen die Auferstehung Jesu voraus. Sie dürfte zusammen mit alttestamentlichen Erweckungserzählungen das wichtigste Motiv dafür sein, daß man bereits dem geschichtlichen Jesus Totenerweckungen zuschrieb.

Gestaltungsart und Geschichtlichkeit der Lazaruserzählung

Schauen wir uns näher die Gestaltungsart der Lazaruserzählung an in Bezug auf die Frage nach der Geschichtlichkeit. Die Lazaruserzählung weist Züge auf, die unmißverständlich erkennen lassen, worin ihr Aussagegehalt liegt, nämlich anschaulich zu machen, daß Jesus Christus das Leben ist und der Glaube an ihn zur Auferstehung führt. Die Tatsache, daß Jesus Herr über Leben und Tod und selbst *das* Leben ist, gilt unabhängig davon, ob er den Lazarus oder andere Tote in das Erdenleben zurückrief. Sie gründet in seiner Auferstehung. – Die Historizität der Lazaruserweckung ist deshalb nicht mit der gleichen Gewißheit aus dem Text zu erheben wie die Bezeugung, daß Jesus Herr über Leben und Tod ist. Ein wichtiges Einzelelement der Lazaruserzählung für die Beantwortung der Frage nach der Geschichtlichkeit ist die Angabe, Lazarus sei schon vier Tage tot (11, 39). Sie ist deshalb wichtig, weil sie wirklich die Todesgewißheit verbürgt. Nun zeigt sich aber, daß Johannes gerade diese Angabe nicht im Sinn einer historischen Berichterstattung verwendet. Sie hängt in seiner Darstellung vielmehr ganz davon ab, daß Jesus absichtlich zögert, nach Betanien zu gehen, damit Lazarus stirbt und hernach seine Auferweckung der Verherrlichung Gottes und dem Glauben diene. Diese Aussagen und mit ihnen die Verzögerung gehen aber ganz auf das Konto bewußter johanneischer Gestaltung. Sie verbürgen keine geschichtlich zutreffende Einzelheit.

Auch die Schilderung des Erweckungsvorgangs zeigt Spannungen. Sie sind Anzeichen dafür, daß nicht einfach neutral berichtet, sondern stilisiert wird im Sinne einer Verkündigungsabsicht: Lazarus kommt zwar mit Binden umwunden heraus. Er trägt die Zeichen des Todes. Um sich aber weiterbewegen zu können, müssen sie ihm abgenommen werden, als Zeichen des Lebenden. Schemenhaft unwirklich, von niemand befragt, mit niemand redend, ist er unter den Lebenden. Keine Reaktion – sei es von ihm, noch von andern – wird geschildert. Am Anfang des Kapitels 12 wird er noch einmal zurückhaltend erwähnt, sonst hört man nichts mehr von ihm.

Totenerweckung. Detail vom Adephia-Sarkophag in Syrakus. 5. Jahrhundert. Außer dem Stab hat der Künstler hier Christus die Buchrolle in die Hand gegeben: Zeichen des lebenschaffenden Wortes.

Ergebnis: Ob Jesus den Lazarus aus dem Grab kommen ließ, ist nicht sicher. Es ist nicht unmöglich, aber aufgrund der Beurteilung anderer Totenerweckungsgeschichten und der besonderen theologischen Gestaltungsart der Erzählung Joh 11 doch unwahrscheinlich. Sicher aber ist – wenn auch in einer anderen Weise der Begründung –, daß Jesus vom Tode erweckt und zum Herrn über Leben und Tod gesetzt wurde und der Glaube an ihn zum Leben führt. Dies wollen alle neutestamentlichen Erweckungserzählungen bezeugen. Darin wollen sie recht haben und die Wahrheit sagen.

VII. Die Begleitwunder

Wir dürfen die Bilder von Jesu Tod — das Gemälde des Meisters Grünewald und die Berichte der Evangelien — nicht als „historische Momentaufnahmen“ mißverstehen. Johannes der Täufer stand nicht unter dem Kreuz Jesu, und doch stimmt die Aussage des berühmten Isenheimer Altars.

Als Begleitwunder[34] bezeichnen wir jene Wunder, die nicht von Jesus getan wurden, sondern die an ihm geschehen sind. Es sind Wunder, die sein Leben zeichenhaft begleiten: die geistgewirkte Empfängnis; die Offenbarung bei Taufe und Verklärung; die Zeichen und kosmischen Erschütterungen beim Tod und seine Himmelfahrt.

Als Einstieg zum Verständnis der Begleitwunder eignet sich besonders gut die Darstellung des Todes Jesu nach Markus und Mattäus.

1. Die Wunder beim Tod Jesu

Mk 15, 33–39	**Mt 27, 45–54**	
Und von der sechsten Stunde an brach eine Finsternis herein über das ganze Land bis zur neunten Stunde.	Von der sechsten Stunde an aber brach eine Finsternis herein über das ganze Land bis zur neunten Stunde.	**Verfinsterung der Sonne**
Und in der neunten Stunde rief Jesus mit lauter Stimme: „Eloi, Eloi, lama sabachtani", das heißt übersetzt: „Mein Gott, mein Gott, warum hast du mich verlassen?"	Um die neunte Stunde aber rief Jesus mit lauter Stimme: „Eli, Eli, lema sabachtani", das heißt: „Mein Gott, mein Gott, warum hast du mich verlassen?"	
Und einige von den Dabeistehenden, die es hörten, sagten: „Sieh, er ruft den Elija!" . . .	Einige von den dort Stehenden aber hörten es und sagten: „Er ruft den Elija." . . .	
Jesus aber stieß einen lauten Schrei aus und starb.	Jesus aber schrie nochmals mit lauter Stimme und gab den Geist auf.	
Da riß der Vorhang des Tempels von oben bis unten entzwei.	Und siehe, der Vorhang des Tempels riß von oben bis unten entzwei,	**Zerreißen des Tempelvorhangs**
	und die Erde bebte, und die Felsen spalteten sich, und die Gräber taten sich auf, und viele Leiber der entschlafenen Heiligen standen auf. Sie verließen ihre Gräber nach seiner Auferstehung und kamen in die heilige Stadt und erschienen vielen.	**Erdbeben und Totenauferstehung**
Der Hauptmann aber, der ihm gegenüber dabeistand, sprach, als er ihn auf diese Weise sterben sah: „Wahrhaftig, dieser Mensch war Gottes Sohn."	Der Hauptmann aber und die Männer, die mit ihm Jesus bewachten, erschraken sehr, als sie das Erdbeben wahrnahmen und was sonst geschah. Sie sprachen: „Wahrhaftig, er war Gottes Sohn."	

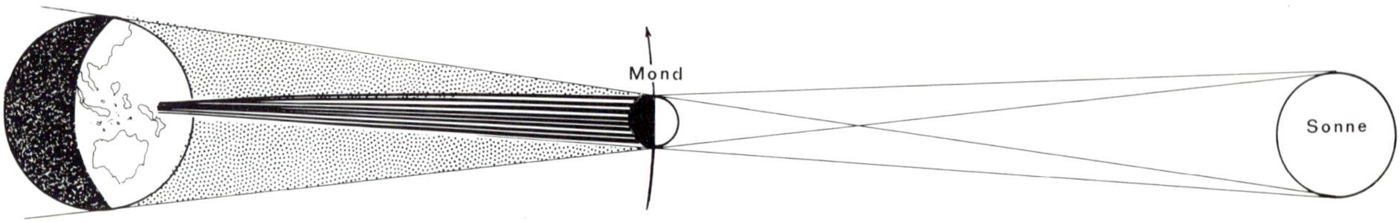

Die Skizze zeigt, daß bei einer Sonnenfinsternis auch die der Erde zugewandte Seite des Mondes finster ist.

Markus berichtet, daß beim Tod Jesu zwei Wunder geschehen: eine dreistündige Finsternis bricht über das ganze Land herein und der Vorhang des Tempels zerreißt. Wie sollen wir diese Aussagen verstehen? Welchen Sinn haben sie? Soll man die hereinbrechende Dunkelheit als eine Sonnenfinsternis verstehen? Aber diese „natürliche" Erklärung wird niemanden überzeugen. Heute weiß jedes Schulkind, daß eine Konstellation zwischen Sonne, Mond und Erde, wie sie für eine Sonnenfinsternis nötig ist, niemals zur Zeit des Vollmonds eintreten kann. Jesus wurde aber an einem Tag, nahe dem jüdischen Paschafest, hingerichtet, das an den Tagen nach dem ersten Frühlingsvollmond gefeiert wurde.

Oder soll man an den um diese Jahreszeit immer wieder in Palästina auftretenden Schirokkowind denken? Er kann soviel Sand und Staub mit sich führen, daß es mitten am Tag dunkel wird.

Aber würde dann Markus von einer Finsternis sprechen, die „über das ganze Land" hereinbrach? Und würde dann Lukas, der an dieser Stelle den Markustext verdeutlicht, sagen: „die Sonne verfinsterte sich" (23, 45)? Freilich könnte man auch erwägen, ob nicht Gott auf außerordentliche Weise und in betonter Abweichung vom normalen Lauf der Naturereignisse dieses kosmische Wunder bewirkt habe. Aber man wird bei dieser Annahme nicht bleiben, wenn man in den Prophetenbüchern des Alten Testaments Texte liest wie diesen:

> „Es wird geschehen an jenem Tag" – Ausspruch des Gebieters und Herrn: „Da laß' ich die Sonne schwinden am Mittag, bringe Finsternis über die Erde am lichten Tag. Eure Feste verkehre ich in Trauerzeit, all eure Lieder in Leichengesang . . . Ich mache es wie die Trauer um den einzigen Sohn, sein Ende wie einen bitteren Tag" (Amos 8, 9 f).

Hier schildert ein Prophet aus dem 8. Jahrhundert vor Christus den Tag des Gerichts in gewaltigen Bildern und in den Vorstellungen seiner Zeit. Sie zeigen eine so auffallende Nähe zur Darstellung des Markus, daß kein Zweifel besteht: Markus hat bei der Gestaltung der Todesszene Jesu auf diesen Text zurückgegriffen. Aber warum hat er das getan, wenn sich nicht wirklich ein sinnenfälliges Geschehen in kosmischen Dimensionen ereignet hatte? Aus dem gleichen Grunde, der ihn auch sonst bei der Abfassung seines Evangeliums leitete: Es kam ihm nicht auf neutrale Tatsachendarstellung an (gibt es die überhaupt?), sondern auf die Erschließung dessen, was die Tatsachen – in diesem Fall der Tod Jesu – für die Menschen bedeuten.

Paulus faßt die Bedeutung des Todes Jesu in eine abstrakte Formel und sagt „Christus ist gestorben für unsere Sünden ...", Markus drückt die gleiche Überzeugung aus durch ein Bild. Solche Ausdrucksweise war den Menschen damals vertrauter als uns. Vom Martertod des berühmten Rabbi Akiba (gestorben 135 n. Chr.) berichtet der Babylonische Talmud:

Der „Ecce-Homo-Bogen" in Jerusalem, Mittelteil eines dreifachen römischen Tores, das unter Kaiser Hadrian um 135 n. Chr. errichtet worden ist

Während Rabbi Akiba um der Tora wegen gemartet wurde, betete er. „Da ertönte eine Hallstimme und sprach: Heil dir, Rabbi Akiba . . .! Die Dienstengel sprachen vor dem Heiligen – gepriesen sei er –: Ist das die Tora und ein solcher Tod die Belohnung? . . . Darauf erscholl nochmals eine Hallstimme . . .: Heil dir, Rabbi Akiba, du bist für das Leben der zukünftigen Welt bestimmt!" (Berakot 61 b).

Münzbildnis des Staatsmannes Gaius Julius Caesar, dessen Ermordung (15. 3. 44) der Dichter Vergil beklagt.

Der Martertod des großen Rabbi Akiba und sein verdienstvolles Leben werden also durch eine vom Himmel kommende Stimme gewürdigt. Der römische Dichter Vergil (70–19 v. Chr.) schildert den Tod Cäsars mit folgenden Begleiterscheinungen[35]:

Klagte die Sonne doch auch über Rom ob Cäsars Ermordung,
als sie ihr strahlendes Haupt einhüllte in stählernes Grauen
und eine ruchlose Welt vor ewiger Nacht sich entsetzte.
Freilich gab auch die Erde und gaben damals die Fluten,
unheilheulende Hunde und nachtdurchschwirrende Vögel
Zeichen genug.
Wie oft vor unseren Augen durchglühte wogend der Ätna
Kyklopengefild und spie aus des Berges berstenden
Essen Lavagestein und flammende Kugeln.
Waffengeklirr vernahm Germanien rings in den Wolken
und von nie gewohnten Beben wankten die Alpen.
Furchtbar drang ans Ohr des Volks durch schweigende Haine
schaurige Klage,
bleiche Gestalten gespenstiger Weise sah man schweben
durchs Dunkel der Nacht
und – grausig! – die Tiere reden, es stocken die Ströme;
die Erde klafft auf,
in den Tempeln weinen die Elfenbeinbilder vor Gram,
vom Erz perlt Angstschweiß.
Wälder entwurzelte wirbelnd der Po, der König der Flüsse,
brausend mit rasendem Strudel, riß er das Vieh samt den
Ställen fort über Felder und Fluren.
Im Eingeweide der Opfer fand man zu jener Zeit nur unheilvolle
Fasern,
stets quoll Blut in den Brunnen,
durch finstere Straßenschluchten hallte hohl
der Wölfe Geheul bei Nacht in den Städten. Nie zuvor
flammten so oft in dräuendem Schein die Kometen.

An den Tod Caesars „in den Iden des März" erinnert diese Münze.

Markus bedient sich ähnlicher, allerdings an das Alte Testament gebundener Darstellungsmittel. Welchen Sinn er genauer damit aussagen will, erkennen wir deutlicher, wenn wir uns das zweite Wunder anschauen. „Da riß der Vorhang im Tempel von oben bis unten entzwei" (Mk 15, 38).

Gemeint ist jener Vorhang, der im Jerusalemer Tempel das Allerheiligste vom übrigen heiligen Tempelteil trennte. Das Allerheiligste war ein würfelförmiger Raum, in den nur einmal im Jahr, am Versöhnungstag, der Hohepriester eintreten durfte. Daß der kostbare Vorhang, der auch mit Opferblut besprengt wurde, entzwei gerissen sein soll, ohne daß die jüdische Literatur auch nur ein Wort darüber berichtet, ist sehr unwahrscheinlich. Der Sinn der markinischen Aussage erschließt sich aber, wenn wir im Hebräerbrief lesen:

> „Wir haben also Zuversicht, Brüder, durch das Blut Jesu in das Heiligtum einzutreten, auf dem neuen und lebendigen Weg, den er uns erschlossen hat durch den Vorhang hindurch . . ."
> (10, 19 f).

Der Hinweis auf das Zerreißen des Tempelvorhangs beim Tod Jesu muß symbolisch verstanden werden.

Das Zerreißen des Vorhangs ist ein Bild dafür, daß durch Jesu Tod allen Menschen Gottes Heil offensteht. Markus selbst zeigt schon im nächsten Satz, daß dieses Heilsangebot von Menschen, denen das Heiligtum der Juden nicht zugänglich war, ergriffen wird. Der römische Hauptmann, Leiter des Hinrichtungskommandos, beantwortet das durch Jesu Tod geschenkte Heilsangebot mit dem Bekenntnis: „Dieser Mensch war Gottes Sohn." Gerade in der Stunde tiefster Erniedrigung und Ohnmacht Jesu spricht zum ersten Mal im ganzen Markusevangelium ein Mensch – noch dazu ein Heide – das christliche Bekenntnis aus. Als geschichtliches Ereignis ist das schwer vorstellbar, aber es ist konsequent im Sinn der Darstellung des Markus und deckt die hinter dem äußeren Geschehen liegende Wahrheit auf. Ein bloßer Tatsachenbericht könnte das nicht leisten. Die Überzeugung der Urchristenheit von der Größe und Bedeutung des Todes Jesu beruht nicht auf sinnenfällig wahrgenommenen gewaltigen Begleiterscheinungen. Sie wurzelt vielmehr darin, daß sich im Sterben Jesu ein Leben der Treue zu dem von Gott gegebenen Lebensauftrag in der Hingabe an die Menschen vollendet und durch Gott in der Auferweckung Christi ganz und endgültig angenommen wurde. Markus betont, daß Jesus den Ruf „steig herab vom Kreuz!" nicht mit einem Selbsthilfe- und Demonstrationswunder beantwortet. Er stirbt unsern Tod.

Nun können wir auch etwas genauer den Sinn der Sonnenfinsternis erkennen. Der Text des Propheten Amos ist ein drohendes Gerichtswort. Den Gedanken des Gerichts scheint auch Markus aufzugreifen. Jesu Tod bringt Scheidung: Gericht und Heil. Wo Jesus mit seiner Botschaft und seinem Wirken abgelehnt und hinausgestoßen wird, verriegelt sich der Mensch selbst den Weg zum Heil. Er richtet sich selbst. Wo er aber das ergreift, was

Gott durch Jesus – bis in seinem Tod – angeboten hat, findet er zu Glauben und Heil wie der heidnische Hauptmann.

Die Finsternis ist außerdem ein Bild der Trauer. Der Amostext drückt Trauer darüber aus, daß Menschen sich Gottes Anspruch nicht öffnen und ihnen so das Gericht droht. Es ist eine Trauer „wie um den einzigen Sohn". Bei Markus wird sie tatsächlich zur Trauer des gesamten Kosmos über das Sterben des „Sohnes".

Mattäus hat den Markustext nicht einfach übernommen. Er hat ihn in sehr bemerkenswerter Weise erweitert.

1. Vergleichen Sie Mk 15, 33–39 mit Mt 27, 45–54. Welche Einzelangaben bei Mattäus gehen über den Markustext hinaus?

2. Welche beiden Angaben des Mattäus befremden Sie am meisten?

3. Welche Angaben des Mattäus finden Sie auch im Text vom Tod Cäsars?

4. Könnte unter zeitlichem Gesichtspunkt betrachtet Mattäus von Vergil abgeschrieben haben?

   Nehmen Sie an, daß er abgeschrieben hat?

   Bitte begründen Sie Ihre Entscheidung:

Schlagen Sie die Lösung nicht sofort auf Seite 177 nach, sondern lesen Sie nochmals die Texte der Seite 135 und machen Sie daran Ihre eigenen Entdeckungen.

Zu Seite 140: Da riß der Vorhang im Tempel entzwei. Die Felsen spalteten sich. Gräber öffneten sich. Gemälde von Sieger Köder.

Daß die Erde bebt, Felsen sich spalten und Gräber sich öffnen, sind geläufige jüdische Vorstellungen von der Endzeit. In manchen Kreisen Israels erwartete man auch die Auferweckung der Toten. Mattäus deutet mit diesen Bildern den Tod Jesu als den Anbruch der Endzeit. Aber das Eigenartige ist, daß er sagt: Leiber von Toten erschienen vielen in Jerusalem, und noch hinzugefügt „nach seiner Auferstehung". Wie soll man sich das vorstellen? Mattäus berichtet doch hier vom Sterben Jesu! Wie können da bereits die Leiber von Toten durch die Stadt gehen, die erst nach Jesu Auferstehung erweckt werden?

Wir haben hier eines der deutlichen Beispiele der Evangelien vor uns, an dem man lernen kann, was es heißt: die Texte sind nachösterlich und im Glauben an den auferstandenen Herrn geschrieben. Obwohl es Mattäus hier um den geschichtlichen Tod Jesu geht, bietet er ihn nicht nur als Tatsache, sondern versucht, seine Bedeutung auszudrücken. Da er bereits an den Auferstandenen glaubt, sieht er den Tod Jesu schon in Hinordnung auf seine Auferstehung und die dadurch ermöglichte Auferstehung aller Menschen.

Die Überlieferungen von Jesus, seinen Taten und den Begleitwundern erhielten in der jungen Kirche ihre Form. Der Stoff war ihr vorgegeben.

Warum haben wir die Einführung in das Verständnis der Begleitwunder mit der Szene vom Tod Jesu begonnen? Wir konnten an ihr lernen, wie ein geschichtliches Ereignis von den Evangelisten nicht nur als Tatsachenbericht wiedergegeben, sondern auch sein Sinn gedeutet wird. Wir sahen, welcher Darstellungsmittel sich die Schriftsteller dabei bedienten. Besonders deutlich ging das aus einem Vergleich des Mattäus- mit dem Markustext hervor: könnte man aufgrund der Beobachtungen am Markustext allein der Annahme noch skeptisch gegenüberstehen, daß die Evangelisten ihren Stoff so „frei" gestaltet haben, so zeigt sich diese Tatsache durch den Vergleich zwischen der Markusvorlage und ihrer Bearbeitung durch Mattäus in aller nur wünschenswerten Klarheit. Der Vergleich ließ auch die Akzente erkennen, die jeder der beiden Evangelisten setzte.

Wir reflektieren die Methode unseres Vorgehens.

Nun hätte man fast alle genannten Beobachtungen an anderen Textbeispielen ebensogut machen können. Die Texte vom Sterben Jesu bieten aber zwei Vorteile, die bei anderen Texten nicht in gleicher Weise gegeben sind: Sie berichten von einem zweifellos geschichtlichen und nur einmal geschehenen Ereignis. Daß Jesu Tod ein historisch geschehenes Ereignis ist, ergibt sich ja nicht nur aus den Kreuzigungsberichten der Evangelien, sondern ist auch sonst so häufig im Neuen Testament und sogar in außerbiblischen Quellen verbürgt, daß daran nicht zu zweifeln ist. Gerade hier kann man zeigen, wie falsch der Schluß wäre: Weil sich die Evangelientexte als Darstellungen erweisen, die ganz mit den Mitteln der damaligen Zeit gestaltet sind, verbürgen sie überhaupt keine geschichtlichen Tatsachen. Vielmehr gilt: Die bewußt vorgenommene Deutung und Gestaltung durch die Evangelisten schließt zugrunde liegende Ereignisse nicht aus, sondern setzt sie in einem bestimmten Maß sogar notwendig voraus.

Daß der Tod Jesu als das zugrunde liegende Ereignis unseres Textes nur einmal geschehen sein kann, hat für unser Lernziel folgenden Vorteil: Es scheidet von vornherein die Möglichkeit aus, die Verschiedenartigkeit der Berichte dadurch zu erklären, daß man verschiedene zugrunde liegende Ereignisse annimmt. Wenn man in einem biblischen Arbeitskreis den Teilnehmern einsichtig zu machen versucht, daß zum Beispiel in der Erzählung vom Seewandel Jesu Mattäus den Markustext bewußt umgestaltet hat, wird oft eingewendet: So sicher sei das ja nicht; die Verschiedenheiten der Berichte könnten ja auf zwei ähnliche, aber doch verschiedene Ereignisse im Leben Jesu zurückgehen. Besonders häufig begegnet dieser Erklärungsversuch hinsichtlich des verschiedenen Wortlautes oder Aussagegehaltes, den ein Spruch oder Gleichnis Jesu in der verschiedenen Wiedergabe der Evangelisten hat. Wie oft hört man: Jesus kann es ja mal so und ein anders Mal etwas anders gesagt haben. Man denke etwa an die zwei Fassungen des Vaterunsers nach Mt 6 und Lk 11. In unserem Text fällt dieser Erklärungsversuch, der der bewußten Aussageabsicht des jeweiligen Evangelisten nicht gerecht wird, vollkommen aus. Man kann sich aber gerade deshalb den Sinn für das Verständnis auch anderer Texte an ihm schulen.

Wie unterschiedlich ein- und dasselbe Geschehen erzählt und gedeutet werden kann, zeigen die Berichte vom Tod Jesu.

Ihre Antworten vergleichen Sie bitte mit den Lösungen auf Seite 178.

Weiterführende Aufgaben

1. Welche Begleitwunder beim Tod Jesu berichtet Johannes Kap. 19?

2. Was erkennen Sie aus dieser Beobachtung für das Verständnis des Mattäustextes?

3. Welcher Zusammenhang besteht zwischen Mt 24, 7. 29 und Mt 27, 45–54?

4. Wie lautet das Bekenntnis des Hauptmanns nach Lk 23, 47?

5. Wie erklären Sie sich den Unterschied zu Mk 15, 39?

2. Die anderen Begleitwunder

Die Himmelfahrt Jesu

Die gleiche Gestaltungsweise, wie wir sie an den Berichten vom Tod Jesu kennengelernt haben, liegt bei allen Begleitwundern vor. Die Darstellung der *sichtbaren Himmelfahrt* Jesu hat Lukas unter Verwendung alttestamentlicher und hellenistischer Entrückungserzählungen gestaltet. Das Muster einer alttestamentlichen Entrückungserzählung liegt im 2. Buch der Könige, Kapitel 2 vor: Der Prophet Elija wird von der Erde entrückt. Das Muster einer hellenistischen Entrückungserzählung bietet der römische Geschichtsschreiber Livius (59 v. Chr. – 17 n. Chr.) [36]:

> Romulus hielt eines Tages vor den Mauern der Stadt eine Volksversammlung ab, um das Heer zu mustern. Da brach plötzlich ein Unwetter los, das den König mit einer dichten Wolke einhüllte. Als sich die Wolke verzogen hatte, war Romulus nicht mehr auf Erden. Er war in den Himmel aufgefahren. Das Volk blieb zunächst ratlos, dann aber machten einige den Anfang und schließlich huldigten alle Romulus als einem neuen Gott und als Vater der Stadt Rom.

Als hellenistisch gebildeter Schriftsteller kannte Lukas das Darstellungsschema derartiger Entzückungserzählungen und stellte es in den Dienst der Christusverkündigung, als er ungefähr hundert Jahre später als Livius diesen Text schrieb:

> Als Jesus das gesagt hatte, wurde er vor ihren Augen emporgehoben, und eine Wolke nahm ihn auf und entzog ihn ihren Blicken. Während sie unverwandt ihm nach zum Himmel schauten, standen plötzlich zwei Männer mit weißen Gewändern bei ihnen und sagten: Ihr Männer von Galiläa, was steht ihr da und schaut zum Himmel? Dieser Jesus, der von euch weg in den Himmel aufgenommen wurde, wird ebenso wiederkommen, wie ihr ihn habt auffahren sehen. Da kehrten sie nach Jerusalem zurück . . . (Apg 1).

Ähnliche Struktur und Topik lassen die Verwandtschaft der beiden Texte sofort erkennen:

ein Geschehen außerhalb der Stadt, die Wolke, Zuschauer als Zeugen, Schilderung vom Blickpunkt der Zuschauer aus, Deutung des Geschehens als Aufnahme in den Himmel. Lediglich die Rahmennotiz, daß bei Romulus der Anlaß des Geschehens eine Heeresmusterung war, und die aus heidnischem Geist der Antike geformte Schlußbemerkung, daß man dem Romulus „als einem neuen Gott" gehuldigt habe, verraten das verschiedene Milieu, dem jeder der beiden Texte angehört.

Die Entrückung des Elija diente als ein Vorbild für die Gestaltung des Berichtes von Jesu Himmelfahrt.

Die Erhöhung des auferstandenen Herrn in die Herrlichkeit Gottes wird im Neuen Testament nur von Lukas und zwar am Ende seines Evangeliums und am Anfang der Apostelgeschichte, als sichtbarer Vorgang geschildert. Er hat aber weder ein Märchen erzählt noch die Wahrheit entstellt. Er hat nur das, was alle neutestamentlichen Schriftsteller verkünden, nämlich, daß der Auferstandene in die Daseinsweise Gottes aufgenommen wurde und von dorther seiner Kirche nahe ist, in ein eindrucksstarkes Bild gefaßt. Seine Darstellung ist künstlerisch hervorragend und theologisch wahr.

Taufe und Verklärung Jesu

Taufe und *Verklärung* Jesu gipfeln in der Offenbarung durch die Himmelsstimme: „Du bist mein geliebter Sohn, an dir habe ich Wohlgefallen gefunden" (Mk 1, 11) und „Dies ist mein geliebter Sohn. Auf ihn sollt ihr hören" (Mk 9, 7). Die Stimme vom Himmel ist ein bildhafter Ausdruck der damaligen Zeit, der deutlich machen soll: im folgenden wird etwas ausgesagt, was von Gott her Gültigkeit hat. An beiden Stellen liegt die Kombination zweier alttestamentlicher Zitate vor. Soll man annehmen, Gott habe in sinnenhaft hörbaren Worten das Alte Testament zitiert und sich in wörtlicher Anlehnung daran einzelne Textstellen zusammengesucht und sie miteinander verbunden? Selbst wenn man dieser Meinung wäre, müßte für die Taufszene beachtet werden, daß sich nach der markinischen Wiedergabe die Anrede direkt an Jesus selbst richtet, und daß nur er die Taube als Zeichen des Geistes auf sich herabkommen sieht. Wie hätten andere Menschen davon erfahren können? Höchstens, indem Jesus es ihnen mitgeteilt hätte. Mattäus macht deshalb aus der direkten Anrede eine Hinweisformel, die sich an andere richtet: „Dieser ist mein geliebter Sohn . . ." (3, 17).

Daß diese Aussagen über Jesus wahr sind und wirklich von Gott her Gültigkeit haben, erweist sich im gesamten Verhalten, Wirken und Auferstehen Jesu. Gerade daran erkannten ihn Menschen seiner Zeit als „Gottes geliebten Sohn", an dem er „Wohlgefallen gefunden" hat und auf den man „hören" soll, daß sie ihn als den durch Gott von den Toten Erweckten erfuhren. Von diesem Glauben her sind die Texte geformt.

Der nachösterliche Christusglaube hat zusammen mit alttestament-

Eine lange Tradition sieht im Borg Tabor den Berg der Verklärung Jesu. Der Kirchenraum auf dem Gipfel will der Begegnung mit dem erhöhten Christus dienen.

licher Schriftreflexion und der Verwendung antiker Darstellungsweisen auch die Kindheitsevangelien des Mattäus und Lukas geprägt. Die geistgewirkte *Empfängnis Jesu*, die *Ankündigung seiner Geburt durch Engel* und die *Verkündigung an die Hirten* sollen deutlich machen, daß er der von Gott geschenkte Heilsmittler ist. In diesen Texten drückt sich das urchristliche Bekenntnis zu Jesus Christus, dem Messias und Sohn Gottes aus, der durch seine Auferweckung zu ewiger Herrschaft eingesetzt wurde. Man hat sie deshalb zu Recht Bekenntniserzählungen genannt.[37]

Verkündigung an die Hirten und Taufe Jesu in der Darstellung mittelalterlicher Buchmalerei

VIII. Beurteilung der außerbiblischen Wunderberichte

Vom Vogel Strauß sagt man, er stecke den Kopf in den Sand, wenn Gefahr drohe. Wer es „wie der Vogel Strauß macht“, will eine Sache lieber nicht in das Blickfeld kommen lassen, will lieber den Blick abwenden – als ob damit die Gefahr selbst aus der Welt geschafft wäre.

So töricht die Vogel-Strauß-Haltung auch erscheinen mag, sie wird dennoch in vielen Bereichen praktiziert, zum Beispiel auch in den Fragen um Person und Wunderwirken Jesu. Da will man die scheinbar fromme Meinung bewahren, Jesus allein habe Wunder gewirkt. Er habe außerordentliche Dinge vollbracht, die sonst niemand zu tun vermag, und die auch von keinem anderen Menschen erzählt werden.

Man macht es sich dabei zu leicht: teils verzichtet man von vornherein darauf, sich über das Umfeld des Wirkens Jesu zu informieren, teils wendet man lieber den Blick von der Tatsache ab, daß auch anderen Menschen ähnliche oder gar gleiche Taten zugeschrieben werden. Wir haben bei unseren Bemühungen, den Sinn der neutestamentlichen Wundererzählungen zu verstehen – entgegen dem Vogel-Strauß-Verhalten – bewußt den Blick auf außerbiblische Wundertäter und Wundererzählungen gerichtet. Wir meinen, es gibt keinen Anlaß, den Blick vor irgendeiner Wirklichkeit zu verschließen, auch nicht davor, daß es außer Jesus bedeutende Wundertäter gegeben und daß man anderen Persönlichkeiten ebenfalls erstaunliche Dinge zugeschrieben hat. Im Gegenteil: wir stellten fest, daß sich überhaupt erst bei Berücksichtigung des zeitgenössischen Hintergrundes die Einmaligkeit Jesu und seiner Hilfe für die Menschen sowie das Eigentliche der christlichen Botschaft deutlich abheben.

Nun haben wir zwar Vergleichstexte aus verschiedenen Bereichen der Antike herangezogen. Wir haben aber dabei unser Interesse jeweils nur auf den einzelnen Bericht gelenkt und vorwiegend unter literarischem Gesichtspunkt. Wie aber steht es nun mit der geschichtlichen Wahrheit der außerbiblisch bezeugten Ereignisse? Wie verhalten sie sich aufs ganze gesehen zu den Wundern Jesu und den Wundererzählungen der Evangelien?

1. Die Art der berichteten Ereignisse

Alle Arten von Wundern, die im Neuen Testament dem geschichtlichen Jesus zugeschrieben werden, sind auch außerhalb der Bibel bezeugt: Krankenheilungen, Dämonenbannungen, Totenerweckungen, „Naturwunder" und „Begleitwunder". Das geht aus den aufgeführten Texten deutlich hervor und könnte noch durch eine Fülle weiterer Zeugnisse belegt werden.[38] Einige folgen noch in Kapitel X. Kleine Sammlung wichtiger Wunderberichte.

Biblische und außerbiblische Wunderberichte sind artverwandt.

In Bezug auf die Art der berichteten Phänomene besteht zwischen denen, die man vom geschichtlichen Jesus aussagt und denen, die heidnisch-antiken Göttern oder irdischen Wundertätern und Religionsstiftern zugeschrieben werden, kein grundlegender Unterschied.

2. Erfindung, Betrug, oder . . .?

Ein Unterschied ist auch nicht darin zu sehen, daß man meint, die außerbiblischen Wundererzählungen seien bloße Erfindung oder die zugrundeliegenden Ereignisse Betrug, und nur die Taten Jesu seien wirklich geschehen.

Manche außergewöhnlichen Heilungen, die im Vertrauen auf die Heilkraft des Asklepios, des Apollonius, des Vespasian und das Fürbittgebet jüdischer Rabbinen geschehen sind, können nicht einfach wegdiskutiert, sondern müssen in ihrem Grundbestand als historisch zutreffende Ereignisse gewertet werden. Das gilt auch für die Heilungen von mancherlei psychosomatischen Leiden, die man in der damaligen Zeit als dämonische Besessenheit ansah: Daß manche Menschen außerordentliche Fähigkeiten besaßen, von derartigen Gebrechen zu befreien, ist ebenfalls nicht zu bezweifeln. Die Tatsache außergewöhnlicher Heilungen und solcher Geschehnisse, die als Exorzismen galten, lassen sich ebenfalls aus der Geschichte der

Heiligen und der christlichen Wallfahrtsorte bis auf den heutigen Tag vielfältig belegen.

Wir wollen nun die zwei großen antiken Textsammlungen, die Inschriften von Epidauros und die Apolloniusbiographie gesondert würdigen.

Weihestele an den Heilgott Asklepios aus dem heiligen Bezirk in Epidauros

Epidauros

Alle Forscher sagen uns übereinstimmend, daß nicht *alle* Epidauros-Texte als bare Münze zu nehmen und als genaue Wiedergabe wirklicher Geschehnisse zu betrachten sind. Man muß vielmehr jeden Text einzeln prüfen, um das zugrunde liegende Geschehen unter der Decke seiner erzählerischen Ausgestaltung zu erkennen. Auf der anderen Seite dürfen und können wir die Texte nicht in Bausch und Bogen als Erfindung oder die Heilungen durch die Gottheit (im Traum) als frommen Betrug der Priester und des Tempelpersonals abtun. Das würde weder dem jahrhundertelangen Zustrom Heilsuchender gerecht, noch der Tatsache, daß es auch heute noch derartige, in der Grundstruktur gleiche, nicht wegzudiskutierende Tatsachen gibt. Positiv läßt sich mit Wahrscheinlichkeit sagen:

1. Von den wenigen Heilungen, die im Wach-Zustand geschahen, lassen sich einige als Affekt- bzw. Schockheilungen verstehen, die übrigen Heilungen durch den Biß oder den Speichel von Tieren.
2. Eine weitere Gruppe von Heilungen ist durch lange Heilkuren und die Anwendung von vielerlei Praktiken und Heilmitteln zu erklären.
3. Die größten Schwierigkeiten für ein Verständnis bieten die im Traum geschehenen Heilungen. Vermutlich hat eine ganze Reihe von Faktoren mit je unterschiedlich starkem Hervortreten dabei eine Rolle gespielt: Zunächst eine Atmosphäre des Vertrauens auf die Heilkraft des Gottes und ihr Einwirken auf die psychischen Kräfte der Menschen. Diese Atmosphäre wurde verstärkt durch die idyllische landschaftliche Lage, durch die eindrucksvollen Bauten, Kuranlagen, Theater, Sportplätze des heiligen Bezirks und durch die Massenbeeinflussung heilsuchender, hoffender Menschen. Sodann kam hinzu die Tätigkeit von Priesterärzten, „Badern" und Traumdeutern. Kranke wurden wohl, nachdem ihnen irgendein Schlaftrunk verabreicht worden war, während des Schlafes einer schnellen und eingreifenden Behandlung unterzogen. Einfache chirurgische Eingriffe, Hypnose und narkotische Tränke waren damals längst bekannt.

Über eine Traumheilung unserer Zeit berichtet die Deutsche Presseagentur 1964:

Durch Traum das Gehör wiedererlangt
London, 16. September.

Ein schrecklicher und lautstarker Traum verhalf dem 72 Jahre alten Totengräber Richard Duckett in der britischen Stadt Werrington dazu, nach 46jähriger Taubheit sein Gehör wiederzuerlangen. Duckett war nach einer Kopfverwundung in der Schlacht von Cambrai im Sommer 1918 taub geworden. Im Traum wurde ihm die damalige Situation wieder gegenwärtig, und „die Kanonen schossen an allen Ecken und Enden". Als er schweißgebadet aufwachte, hörte er zum ersten Male wieder nach vielen Jahren die Uhr ticken. Die Ärzte haben keine schlüssige Erklärung für dieses „Wunder". Sie nehmen an, daß bei dem Zweiundsiebzigjährigen der gleiche psychologische Schock ausgelöst wurde, den er damals im ersten Weltkrieg erlitten hatte. dpa

In welchem Verhältnis stehen die Heilungen des Asklepios und die Erzählungen über sie zu den Wundern Jesu und den Wundererzählungen des Neuen Testamentes? Ein Vergleich ergibt Gemeinsamkeiten und Unterschiede:

- Jesus wirkt seine Taten als geschichtliche Gestalt; dem Asklepios werden die Heilungen als einem überirdischen Wesen zugeschrieben.
- Jesus wie Asklepios befreien im großen und ganzen die Menschen von den gleichen leiblichen Nöten und den gleichen Arten von Krankheiten; in den Asklepios-Heiligtümern geschehen aber keine Totenerweckungen und keine Dämonenaustreibungen.
- Jesus wirkt alle seine Taten im Wach-Zustand der Menschen; bei Asklepios ereignet sich die Hilfe meist im Traum.
- Jesu Wirksamkeit ist in keiner Weise an besondere Verehrungsstätten und Heiligtümer gebunden; Asklepios dagegen erweist gerade dort seine Hilfe und veranlaßt sogar Filialheiligtümer zu gründen.
- Jesu Heilungen geschehen sofort und es werden nur selten äußere Praktiken erwähnt; die Hilfe des Asklepios dagegen nimmt oft lange Zeit in Anspruch, umfaßt gelegentlich regelrechte Kuren; die Erwähnung von Heilpraktiken, Heilmitteln, heilenden Tieren nimmt in den Erzählungen einen großen Raum ein.

- Nie spielen bei den Wundern Jesu Geld oder Weihegaben eine Rolle; in den Asklepiosheiligtümern aber gehören sie zum Grundbestand und sie sind in den Berichten ein wichtiges Thema.
- Strafwunder fehlen bei Jesus ganz und sind im Neuen Testament überhaupt selten; von Asklepios dagegen berichtet man, daß er sie sehr oft verhängte.
- Vor allem aber sind die Wunder Jesu mit seiner gesamten Botschaft sehr eng verbunden und sie erhalten durch die neutestamentlichen Wundererzählungen und ihre Einordnung in den Textzusammenhang einer Evangelienschrift eine ganz andere Ausrichtung als die Asklepios-Wunder, die nur als einzelne Demonstrationen der Heilkraft eines der vielen griechischen Götter gelten und in einer Sammlung einfach aneinandergereiht sind.

Vor Asklepios mit der Schlange und seiner Tochter Hygieia steht eine Schar von Verehrern. Votivrelief des 5. Jahrhunderts.

Die literarische Form und einzelne Gestaltungselemente der Texte von Epidauros haben freilich Einfluß auf neutestamentliche Wundererzählungen ausgeübt, wie wir gesehen haben. Der Kern der Textsammlung geht auf wirklich geschehene Heilungen zurück, für die sich Pilger in Form von Weihegaben mit Inschrift bedankten. Sie wurden im Heiligtum öffentlich aufbewahrt. Dieser Kern wurde in volkstümlicher Erzählweise, durch steigernde Ausgestaltung, durch Übertragung von Wundererzählungen, die schon von anderswoher bekannt waren, von den auf Heilung wartenden und sich gegenseitig ermutigenden Menschen weiter ausgeschmückt. Eine endgültige Redaktion fanden die Texte dadurch, daß sie als Sammlung auf den großen Steinplatten niedergeschrieben wurden.

Sache des Tempelpersonals innerhalb dieses Werdeprozesses war es, die Anmeldung geschehener Heilungen anzuregen, vielleicht auch bei der Abfassung einzelner Weiheinschriften behilflich zu sein, vor allem aber die Schlußredaktion der Sammlung vorzunehmen und auch Strafwunder einzufügen. Gerade die letzteren zeigen außer den genannten Motiven ein besonderes Interesse des Tempelpersonals: von der Ablieferung der Weihegaben hingen ja zum großen Teil Ausbau und Fortbestand des Heiligtums und der Unterhalt des Tempelpersonals ab. Ein ganzes Bündel von Motiven führte also zu der vorliegenden Textsammlung.

Apollonius

Apollonius galt als Herr über die Naturgewalten und war den Gefahren aller Art gewachsen; er vermochte sich selbst aus Fesseln zu befreien, sagte künftige Geschehnisse voraus und kannte die Gedanken anderer Menschen. Er heilte Kranke und Besessene.

Seine Taten überliefert Philostratos in der literarischen Form einer Reisearetalogie [39]. Das heißt:

1. Der äußere Rahmen, dem die einzelnen Geschehnisse zugeordnet sind, ist ein Bericht über die Reisen, die Apollonius unternahm und über die Aufenthalte, die sich dabei ergaben. Es ist eine ähnliche Form wie sie im Neuen Testament in dem Teil der Apostelgeschichte begegnet, der über die Reisen des Paulus berichtet.

In Form und Gestaltung sind die Wunderberichte der Evangelien von entsprechenden hellenistischen Erzählungen abhängig

2. Eine Aretalogie ist eine Erzählung oder Erzählfolge, in der die Tüchtigkeit (griech.: aretä) und Wirkmacht der Götter dargestellt wird. Apollonius gilt nach der Darstellung des Philostratos als ein Mann, durch den die Götter diese Wirkmächtigkeit den Menschen gegenüber erwiesen.

Wie ist der Geschichtswert der Apolloniusbiographie zu beurteilen? In welchem Verhältnis zum wirklichen Leben und Wirken des Apollonius steht sie? Bei der Beantwortung dieser Frage wird man zwei Gesichtspunkte beachten müssen:

1. Schon die Tatsache, daß es sich um eine Aretalogie handelt, läßt erkennen: sie kann und will keine Geschichtsschreibung im modernen Sinn bieten. Die Wundererzählungen sind nicht um ihrer selbst willen und nicht als historische Beweise geschrieben, sondern sie stehen vor allem im Dienst

einer übergeordneten Aussageabsicht: das Wirken der Götter in der Gestalt des Apollonius zu verkünden und das Ansehen dieses Mannes zu verbreiten.

2. Der zeitliche Abstand zwischen dem Werk des Philostratos und dem Leben des Apollonius beträgt bereits mehr als 100 Jahre. Philostratos war auf Quellen angewiesen. Soweit Vergleiche möglich sind, zeigen sie, daß die Quellen selbst schon manch phantastische Ausgestaltung enthielten und darüber hinaus Philostratos mit diesem Überlieferungsstoff sehr frei umging und ihn im Sinne seiner eigenen Zielsetzung verarbeitete.

Beachtet man diese beiden Gesichtspunkte, so ergibt eine historische Beurteilung seiner Taten etwa folgendes Bild: Daß Apollonius gelebt und aufsehenerregende Dinge getan hat, wird man nicht bezweifeln können. Es ist sehr unwahrscheinlich, daß eine Gestalt, die mit ihren Taten zu solcher Berühmtheit gelangte, eine bloße Erfindung wäre. Worin aber die außergewöhnlichen Fähigkeiten des Apollonius bestanden und durch welche Taten er näherhin Hilfe brachte und Ansehen gewann, läßt sich im einzelnen nicht mehr genau feststellen. Daß er Kranke heilte, auch solche, die unter psychosomatischen Störungen litten und die als Menschen galten, die von Dämonen besessen waren, weiterhin daß er über parapsychologische Kräfte verfügte, ist durchaus möglich, ja wahrscheinlich.

Die Taten, die dem Apollonius zugeschrieben wurden, sind im großen und ganzen Taten der gleichen Art, wie man sie schon 100 Jahre vorher von Jesus erzählte. Wir müssen darum fragen, in welchem Verhältnis die Aussagen des Philostratos über Apollonius zu den Wundererzählungen des Neuen Testamentes stehen: Hat Philostratos das Neue Testament gekannt und benutzt? Hat er vielleicht mit seiner Apolloniusbiographie bewußt und gezielt einen Konkurrenzheiland zu Jesus Christus schaffen wollen? Keine der beiden Fragen ist mit Sicherheit zu beantworten; aber die Gründe spre-

Ohne Zweifel haben Jesus und Apollonius neue aufsehenerregende Handlungen vollbracht. Ein nüchterner Vergleich der Wunderberichte erweist die Unterschiede.

chen eher für eine Verneinung[40]: Die gelegentlichen textlichen Übereinstimmungen reichen nicht hin, eine literarische Abhängigkeit zu erweisen; für die Arten der Nöte und der geleisteten wunderbaren Hilfe gibt es in der hellenistischen Literatur hinreichende Belege, aus denen die Eigenständigkeit heidnischer Wunderüberlieferungen hervorgeht; es genügt die Annahme, daß Philostratos aus dem Strom dieser, vom Neuen Testament unabhängigen Überlieferung schöpfte. Auch dafür, daß er bewußt einen Gegentypos zu Christus schaffen wollte, fehlen Anhaltspunkte. Erst am Anfang des 4. Jahrhunderts n. Chr. wird das Werk des Philostratos zur Polemik gegen die Christen herangezogen.

Die Wunder des Apollonius und die Wunder Jesu unterscheiden sich durch ihre Bedeutung.

Der Hauptunterschied zwischen den Wundern des Apollonius und den Wundern Jesu besteht nicht in der Art der Wunderphänomene und auch nicht darin, daß jene nur erfunden, diese aber wirklich geschehen seien. Er besteht vielmehr – ähnlich wie bei den Asklepioswundern – in der Bedeutung, die den geschehenen Wundern eignet und die in der grundverschiedenen Gesamtausrichtung der Wundererzählungen ihren Ausdruck gefunden hat: Bei aller Außerordentlichkeit, die dem Apollonius in der Überlieferung zugeschrieben wird, gilt er doch nur als einer der Weisen und Wundertäter, in denen die Götter ihre Hilfe den Menschen erweisen. Der Gedanke, er sei der, durch den der eine heilschaffende Gott so gehandelt und seine Nähe den Menschen erwiesen hat, daß darin end-gültiges Heil für alle Menschen zeichenhaft deutlich gemacht und anfanghaft schon verwirklicht worden ist, liegt vollkommen fern. Gerade dieser Gedanke ist aber kennzeichnend für die Wunder Jesu und ihre Darstellung im Neuen Testament.

Dementsprechend ist es nicht verwunderlich, daß die Taten des Apollonius aus einer ganz anderen geistigen Gesamtatmosphäre erwachsen und daß in den Erzählungen über sie manche Elemente eine große Rolle spielen, die in den neutestamentlichen Wundererzählungen nur gelegentlich und am Rande erwähnt werden (z. B. gewisse Praktiken des Heilens) oder überhaupt fehlen (z. B. Geldangebote an den Wundertäter).

Nicht mit gleicher Zuverlässigkeit wie bei den Heilungen und Exorzismen ist die historische Tatsache der Totenerweckungen, „Naturwunder" und „Begleitwunder" verbürgt. Zwar besteht auf Grund kritisch geprüfter Phänomene aus dem Bereich der Mystik und Parapsychologie kein Zweifel darüber, daß manche Menschen – und zumal hervorragende religiöse Persönlichkeiten – über Kräfte verfügen, die es ihnen erlauben, in außerordentlicher Weise auf die Materie einzuwirken und in einem erstaunlich hohen Grad der Unabhängigkeit gegenüber den normalen Bedingungen der leiblichen Raum-Zeit-Gebundenheit zu leben und sich zu verhalten. Aber damit derartige Phänomene im Einzelfall als historisch glaubhafte Tatsachen gelten können, bedarf es zuverlässiger Zeugnisse. Diese Zuverlässigkeit vermag kein einziger der antiken Texte zu bieten:

Vergleichen Sie Seite 84; 155.

teils sind die Erzählungen erst relativ spät und in großem zeitlichen Abstand zu der entsprechenden Persönlichkeit abgefaßt worden (Apollonius);

teils ist noch deutlich erkennbar, wie das „Wunder" erst im Lauf der Überlieferung aus älteren Textbeständen, die einen anderen Sinn hatten, gebildet wurde;

Vergleichen Sie Seite 175.

teils machen die Berichterstatter selbst Einschränkungen (z. B. Tacitus);

Vergleichen Sie Seite 52.

teils zeigt die gesamte Aussagetendenz der Erzählung, daß es ihr nicht um historische Bezeugung geht, sondern um die Charakterisierung und Bedeutung der jeweiligen Persönlichkeit, oder um die Einprägung und Veranschaulichung einer Lehre;

Vergleichen Sie Seite 108 f; 138; 145; 173.

teils läßt die Zugehörigkeit des Textes zu einem umfassenden literarischen Gesamtwerk und seiner Tendenz, etwa einer Aretalogie (Philostratos) oder einer Sammlung volkstümlich-phantastischer Mirakel- und Spukgeschichten (Lukian) erkennen, daß es sich nicht um historische Tatsachen handelt.

Vergleichen Sie Seite 155; 86; 131; 174–176.

Die historisch nicht bestreitbaren Ereignisse, wie Heilungen und Geschehnisse, die als Exorzismen galten, erweisen sich in keinem einzigen Fall als „Durchbrechung oder Aufhebung von Naturgesetzen". Man wird die Geschehnisse wohl zutreffender beurteilen, wenn man sie als Wirkungen von Kräften ansieht, die außerhalb der normalen sinnenhaften Wahrnehmung liegen. Die Wirklichkeit ist eben umfassender als das, was wir sinnenhaft zu erfahren und als Ursache und Wirkung zu messen vermögen. Die Wirklichkeit außerhalb der normalen sinnenhaften Wahrnehmung umfaßt sowohl Kräfte, die durchaus zur „Natur" der Welt und des Menschen gehören, als auch den letzten personalen und alles Geschehen tragenden Grund: Gott. Menschen, die meinen, überhaupt ohne Glauben an Gottes Wirksamkeit in der Welt auskommen zu können, werden von keiner Heilung, auch nicht von der außergewöhnlichen, annehmen, daß er in ihr am Werk ist. Sie werden höchstens die Wirksamkeit parapsychologischer Kräfte zugestehen. Menschen, die an Gott als den tragenden Grund jeden Geschehens glauben, werden über die Wirkung parapsychologischer Kräfte hinaus, aber auch in diesen wirkend, Gottes Hilfe erahnen und sie gläubig bekennen. Erst wo dieses glaubende Verstehen sich eröffnet, handelt es sich um ein Wunder, sonst nur um ein Mirakel.

IX. Jesu Wunder und die Auferstehung Christi

Immer wieder haben wir beim Bemühen, die einzelnen Wundererzählungen zu verstehen, auf die Auferstehung Christi hingewiesen. Die Wundererzählungen stehen zu ihr in einem doppelten Zusammenhang: Der Glaube an den auferstandenen Herrn ist – über das Weitererzählen einzelner Geschehnisse schon zu Lebzeiten Jesu hinaus – der wichtigste Grund dafür, daß auch nach Jesu Tod Wunder von ihm erzählt und Wundererzählungen überhaupt geformt wurden. Und: Der Glaube an den Auferstandenen hat Gestalt und Inhalt der Texte sehr stark mitbestimmt. Wir müssen diese beiden Zusammenhänge noch etwas verdeutlichen. Denn gerade der Verweis auf die Auferstehung Christi hat sicher bei manchem Leser viele Fragen aufkommen lassen. Vielleicht diese: Ist es nicht nur ein Verschieben des Problems, wenn wir sagen: ob Lazarus aus dem Grab herausgekommen ist, ist nicht so sicher; sicher aber ist, daß Christus vom Tode erweckt wurde? Kann wirklich die Auferstehung Christi die „Beweislast“ für die Zuverlässigkeit und Wahrheit der Wunderüberlieferung tragen? Ist die Auferstehung denn zuverlässiger verbürgt als die geschichtliche Tatsache einzelner Wunder Jesu? Worin besteht ihre Sonderstellung gegenüber den anderen Wundern, worin ist sie begründet, und was vermag sie zu „leisten“?

1. Das vorösterliche Wirken Jesu

Der Auferstehung Christi braucht gar nicht die gesamte „Beweislast“ zugemutet zu werden. Schon die quellenkritische und geschichtswissenschaftliche Untersuchung der Texte führte zu dem Ergebnis, daß Jesus Kranke und Besessene geheilt hat. Vergegenwärtigen wir uns noch einmal die wichtigsten Gründe, die wir schon verstreut bei der Arbeit an den Einzeltexten kennenlernten und ergänzen sie noch.

Es steht geschichtlich fest: Jesus hat Kranke und Besessene geheilt. Wir fassen die Gründe dafür nochmals zusammen.

Ein erster Grund besteht in der Quellenlage: Heilungen und Exorzismen Jesu sind bereits in den ältesten Schichten der Evangelienüberlieferung bezeugt, in der Spruchquelle Q und im Markusevangelium. Sie begegnen in Überlieferungen, die voneinander unabhängig sind: in der Spruchquelle, im Evangelium des Markus, in den Sonderüberlieferungen des Mattäus und Lukas, die Heilungen auch im Johannesevangelium. Sie sind nicht nur in die Form von Wundererzählungen gefaßt, sondern kommen auch in den Sammelberichten vor und werden innerhalb von Reden und Aussprüchen Jesu erwähnt. Der Erwähnung im Selbstzeugnis Jesu kommt ein besonderes Gewicht zu, da hier oft eine größere Nähe zum Ursprung bewahrt ist als in den Wundererzählungen, die ja immer durch dritte Personen und meist in längerem Überlieferungsprozeß geformt wurden.

Ein zweiter Grund besteht darin, daß innerhalb und außerhalb des Neuen Testamentes auch von anderen Menschen glaubhaft berichtet wird, daß sie die Gabe des Heilens in einer außergewöhnlichen Weise besaßen. Im Neuen Testament wird außerordentliche Heilkraft auch von den Aposteln und von Paulus ausgesagt. Warum sollte man bestreiten, daß sie Jesus selbst in hohem Grade eigen war, zumal es mehrfach heißt, er habe die Apostel zu ihrer Heiltätigkeit befähigt und gesandt? Umgekehrt sollte man beachten, daß einem so bedeutenden Mann wie Johannes dem Täufer keine Wunder zugeschrieben wurden, offenbar, weil er keine gewirkt hat. Daraus läßt sich erkennen: eine bestimmte Wirksamkeit mußte auch in der Antike vorhanden gewesen sein, bevor man jemanden als Wundertäter ansah.

Drittens bezeugt die jüdische Literatur Jesu Wundertätigkeit. Im babylonischen Talmud, Sanhedrin 43 heißt es: „Er soll gesteinigt werden, weil er Zauberei getrieben und Israel verführt und verleitet hat."

Viertens: Sowohl die Wundererzählungen wie die Worte Jesu zeigen eine ganz enge Verbindung zwischen seinem heilenden und exorzistischen Wirken und dem Zentrum seiner Verkündigung: der anbrechenden Gottesherrschaft. Da diese Botschaft historisch unbestritten ist, gilt dies auch für die Taten Jesu, die ein Teil von ihr sind.

Fünftens: Manche Heilungen und Exorzismen sind Bestandteile des Konflikts zwischen Jesus und den Führern des jüdischen Volkes. Da die Konflikte zu der geschichtlich auch außerhalb des Neuen Testamentes verbürgten Hinrichtung Jesu führten, kommt ihnen als Mitursachen ein hoher Geschichtswert zu. In den Rahmen dieses provozierenden Verhaltens Jesu gehörten zum Beispiel die Heilungen am Sabbat.

Sechstens schließlich zeigen manche Wundererzählungen solche Züge, die sich weder aus einem allgemeinen Schema ableiten noch als spätere „Erfindung" erklären lassen. Sie weisen vielmehr auf eine Verankerung in einer Situation des geschichtlichen Lebens Jesu hin.

2. Der österliche Charakter der Texte

Der Glaube an den Auferstandenen hat besonders zur Formung der Texte über „Naturwunder", Totenerweckungen und Begleitwunder beigetragen.

Trotz dieser Verankerung der Heilungen und Exorzismen im vorösterlichen Wirken Jesu zeigen die meisten Berichte, daß sie so, wie die Evangelien sie bieten, den Glauben an den auferstandenen Herrn voraussetzen. Es läßt sich besonders daran erkennen, daß innerhalb der Erzählungen Hoheitstitel verwendet und Deutungen des Wirkens Jesu gegeben werden, deren „Sitz im Leben" in den urchristlichen Gemeinden zu suchen ist. Stärker wirkte sich der urchristliche Osterglaube bei der Entstehung und Formung der Texte über die Naturwunder, Totenerweckungen und Begleitwunder aus. Geschichtliche Haftpunkte der wunderhaften Züge dieser Erzählungen sind in konkreten Einzelereignissen des Lebens Jesu nicht mit hinreichender Sicherheit zu erweisen. Dennoch haben diese Texte einen tiefen und wahrheitsgetreuen Sinn: Sie enthüllen in bildhafter Darstellung etwas von dem Unfaßbaren der Gestalt Jesu Christi und ihrer heilschaffenden Bedeutsamkeit für die Menschen. Sie sprechen deutlicher als andere Texte aus, daß sein Leben und Wirken ganz von Gott her kommen, daß in ihm Gott und sein Reich inmitten dieser Welt wirklich schon da sind, daß durch ihn alle für den Menschen bedrohlichen Gewalten, selbst der Tod, ihre Macht verlieren und daß durch seine Erhöhung ein Stück unserer geschichtlichen

Welt schon endgültige Vollendung fand. Diese Sicht war erst möglich nach der Auferstehung Christi. Deshalb gehört die Entstehung der genannten Texte in der vorliegenden Gestalt der nachösterlichen Zeit an. Gerade diese Sicht drängt aber zu der Frage weiter: Ist die Auferstehung Christi selbst denn sicher verbürgt, und worin ist ihre Sonderstellung gegenüber den genannten Wundern zu sehen?

3. Die Besonderheit der Auferstehung Christi

Selbstverständlich ist es im Rahmen unserer Darstellung nicht möglich, die Begründung des Auferstehungsglaubens herauszuarbeiten und zu zeigen, was mit christlichem Osterglauben gemeint ist[41]. Wir können nur auf die Besonderheit aufmerksam machen, die der Auferstehung Christi im Verhältnis zu den Ereignissen im Leben des geschichtlichen Jesus zukommt. Dies allerdings ist unverzichtbar, denn der Auferstehung Christi eignet in der Tat eine Sonderstellung. Nichts aus dem Leben Jesu steht in den Schriften des Neuen Testaments so im Mittelpunkt wie sein Tod und seine Auferstehung. Beide zusammen sind der älteste Kern frühchristlicher Verkündigung. Alle neutestamentlichen Schriften bezeugen sie als die Mitte christlichen Glaubens. Einzelnen Worten und Taten Jesu dagegen wird diese höchste Bedeutung nicht beigemessen. Jesus hätte staunenswerte Dinge tun und sagen können; hätte dennoch sein Leben mit dem Tod geendet und wäre Christus nicht auferstanden, „dann wäre unser Glaube an ihn nichtig und wir wären noch in unseren Sünden" sagt Paulus 1 Kor 15.

Tod und Auferstehung Jesu: Kern urchristlicher Verkündigung

Der Wirklichkeit der Auferstehung Christi kommt ein höherer Grad der Gewißheit und Bedeutung zu als jedem einzelnen Wunder im Leben Jesu. Freilich darf das nicht dazu verleiten, die Auferstehung selbst als rein geschichtliches Faktum einfach in die Reihe geschichtlicher Ereignisse – etwa wie einen Sieg Napoleons – einzuordnen. Sie ist ein „Ereignis", das über den Rahmen innerweltlicher Raum-Zeit-Gebundenheit hinausgeht; denn Christus ist ja als Auferstandener nicht in das Erdenleben zurückgekehrt, sondern lebt in der Daseinsweise Gottes und erwies sich von dorther den Zeugen als lebend.

Dem entspricht, daß die Wirklichkeit der Auferstehung nicht „bewiesen" werden kann. Man kann sie nur glauben. Aber der Glaube an sie ist auf der Basis der neutestamentlichen Zeugnisse auch intellektuell redlich und verantwortbar. Wenn die Auferstehung selbst nur geglaubt werden kann, was trägt sie dann für die Zuverlässigkeit und den Sinn der neutestamentlichen Wunderüberlieferung aus?

Aufgrund der schon erwähnten, quellenmäßig belegten Sonderstellung trägt sie mehr dafür aus als jedes andere einzelne Wunder Jesu, aber nicht so viel, daß sie Gottes Wirksamkeit im Leben Jesu zu beweisen vermag. Das Problem beschäftigte schon die Christen des ersten Jahrhunderts.

Was trägt die Auferstehung für die Zuverlässigkeit und den Sinn der Wunderüberlieferung im Neuen Testament aus?

Im Neuen Testament hat es mehrfach seinen Niederschlag gefunden. Lukas sagt von Leuten, die meinen, sie würden zu Umkehr und Glauben finden, „wenn einer von den Toten zu ihnen käme", folgendes: „Wenn sie auf Mose und die Propheten nicht hören, werden sie sich auch nicht überzeugen lassen, wenn einer von den Toten aufersteht" (16, 31). Wir können hinzufügen: Wenn jemand aus dem Verhalten, Reden und Wirken Jesu, wie die Evangelien es darstellen, nicht solche Impulse für sein Leben aufnimmt, daß er sich auf Jesus Christus einläßt und sich in seinem Sinne engagiert, dem „beweist" auch die Botschaft von der Auferstehung nichts.

Trotz ihrer Sonderstellung sind Tod und Auferstehung Christi ganz eng mit dem Leben, Wirken und Reden des geschichtlichen Jesus verbunden: Sein Tod ist die Vollendung seines Dienstes für die Menschen. Dieser Dienst äußert sich aber schon in seinem Einsatz für die Armen und Kranken. Seine Auferstehung ist Zeichen dafür, daß Gott ein solches Leben der Hingabe annimmt, ihm ewige Zukunft schenkt und jedem menschlichen Einsatz für eine bessere Welt beisteht.

Zu Seite 163: Inschriftenplatte aus Epidauros. Zahlreiche Texte, in Stein gehauen, berichten von Verehrung und Wirken des Heilgottes Asklepios.

X. Kleine Sammlung wichtiger Wunderberichte

Um den Sinn der Wundererzählungen im Neuen Testament zu verstehen, mußten wir diese mit außerbiblischen Texten vergleichen. In den vorangehenden Kapiteln haben wir allerdings nur soviel religionsgeschichtliches Material herangezogen als unbedingt notwendig war. Die Lektüre sollte nicht zu anstrengend, der Leser nicht durch eine zu breit angelegte Information verwirrt werden. Für Interessenten, die zur Schärfung des Blikkes, zur Vertiefung, zur eigenen Weiterarbeit oder zur Arbeit im Schulunterricht, in Bibelkreisen oder in der Erwachsenenbildung weitere religionsgeschichtliche „Parallelen" suchen, werden im folgenden entsprechende Texte geboten. Es handelt sich um Übersetzungen aus Quellen, die für viele nur schwer erreichbar sind. Damit das Material möglichst vielfältig und unter verschiedenen Gesichtspunkten benützt werden kann, werden nur an wenigen Stellen kommentierende Hinweise gegeben.

1. Inschriften von Heilwundern in Epidauros[42]

Hilfe des Asklepios bei Entbindung

> Kleo war fünf Jahre schwanger. Als diese schon fünf Jahre schwanger war, kam sie bei dem Gott als Bittfleherin an und schlief im Heilraum. Sobald sie aus ihm herauskam und außerhalb des Heiligtums war, gebar sie einen Knaben, der sofort nach seiner Geburt sich selbst an dem Brunnen wusch und mit der Mutter herumlief. Als sie das erlangt hatte, ließ sie auf ihr Weihegeschenk den Vers schreiben: „Wunderbar ist nicht die Größe der Tafel, sondern des Gottes Gnade, daß Kleo im Leib fünf Jahre die Last hat getragen, bis sie im Heiligtum schlief und er gesund sie gemacht".

Der älteste Kernbestand dieses Textes, nämlich die von der Bittstellerin angebrachte Dankinschrift, spricht nur davon, „daß Kleo im Leib fünf Jahre die Last hat getragen". Worin diese Last und das Leiden näher bestanden, wird nicht gesagt. Erst der erzählende und ausgestaltende Text bestimmt sie näher als Schwangerschaft, die beendet wird durch die Geburt eines schon entsprechend großen Knaben, der bereits laufen und sich waschen kann. Der Erzähltext selbst weist klar die dreigliedrige Grundstruktur auf.

Befreiung von einem Mal auf der Stirn

> Pandaros von Thessalien mit einem Mal auf der Stirn. Dieser sah beim Heilschlaf ein Gesicht: es träumte ihm, der Gott verbinde ihm mit einer Binde das Mal und befehle ihm, wenn er aus dem Heilraum komme, die Binde abzunehmen und sie als Weihegabe in den Tempel zu bringen. Als es Tag wurde, stand er auf und nahm die Binde ab, und er fand sein Gesicht frei von dem Mal. Die Binde weihte er in den Tempel. Sie trug die Buchstaben von der Stirn.

> Echedoros bekam das Mal des Pandaros zu dem, das er schon hatte. Dieser hatte von Pandaros Geld bekommen, um dem Gott nach Epidauros eine Stiftung für ihn zu machen. Er wollte es aber nicht abliefern. Im Heilschlaf sah er ein Gesicht: es träumte ihm, der Gott trete vor ihn und frage ihn, ob er etwa Geld von Pandaros habe für eine Athena als Weihegeschenk in das Heiligtum. Da habe er gesagt, er habe nichts derartiges von ihm bekommen; aber wenn er ihn gesund machen würde, so werde er ein Bild malen lassen und ihm weihen. Hierauf habe ihm der Gott die Binde des Pandaros um sein Mal gebunden und ihm befohlen, wenn er aus dem Heilraum komme, die Binde abzunehmen, sein Gesicht am Brunnen zu waschen und sich im Wasser zu spiegeln. Als es Tag geworden, ging er heraus aus dem Heilraum und nahm die Binde ab, die die Zeichen nicht mehr hatte. Als er aber in das Wasser schaute, sah er, daß sein Gesicht zu seinem eigenen Mal noch die Zeichen des Pandaros bekommen hatte.

Strafwunder

Der zweite Text scheint eine ganz frei erfundene Erzählung zu sein. Dafür sprechen: die literarische Anknüpfung an den vorausgehenden Text, die Weise der negativen Umdeutung und der Charakter als Strafwunder.

> Euphanes von Epidauros, ein Knabe. Dieser war steinleidend und schlief im Heilraum. Da träumte ihm, der Gott trete vor ihn und sage: „Was willst du mir geben, wenn ich dich gesund mache?" Er habe gesagt: „Zehn Klicker." Da habe der Gott gelacht und gesagt, er werde ihn befreien. Als es Tag geworden, kam er gesund heraus.

Heilung von einem Steinleiden

Um 160 n. Chr. hat der Grieche Apellas den Verlauf einer Heilkur, deren er sich in Epidauros unterzog, inschriftlich festgehalten:

> Ich, M. Julius Apellas . . . wurde von dem Gott hergerufen, da ich oft in Krankheiten fiel und an Verdauungsstörungen litt . . . Als ich im Heiligtum angekommen war, befahl er mir, zwei Tage lang das Haupt zu verhüllen, an denen dann Regengüsse kamen; Käse und Brot zu mir zu nehmen, Sellerie mit Lattich . . .; allein zu baden und dem Bademeister eine attische Drachme zu geben; dem Asklepios zu opfern . . . Er befahl mir auch, das aufzuschreiben. Mit dankbarem Herzen und gesund geworden verabschiedete ich mich.

Die „Apellas-Inschrift": einer der besterhaltenen Texte von Epidauros

Eines der schönsten und besterhaltenen Weihereliefs der Antike ist das Marmorrelief des Archinos aus dem 4. Jahrhundert v. Chr.:

Weiherelief des Archinos an den Heilgott Amphiaraos von Oropos. Der Kranke wird im Schlaf von der göttlichen Schlange „heimgesucht“.

Am unteren Rand trägt es die Inschrift: „Archinos hat es dem Amphiaraos aufgestellt.“ Es ist also zwar dem Gott Amphiaraos im Heiligtum von Oropos geweiht; dennoch eignet es sich ausgezeichnet, auch die Heilvorgänge von Epidauros zu illustrieren, da der Heilbetrieb an ähnlichen Stätten grundsätzlich der gleiche war. Das Geschehen gliedert sich in drei Szenen:

1. Auf dem Bett liegt ein Mann mit geschwollenem Oberarm. Aus dem Hintergrund steigt eine Schlange auf und macht sich an der Geschwulst zu schaffen.

2. Während dies wirklich geschieht, träumt der Kranke, der Gott trete heran und bestreiche die Wunde mit Salbe.

3. Zum Dank errichtet der Geheilte (rechts) das Weiherelief (Hintergrund) und weist auf die Heilung durch den Gott hin. –

Die dargestellte Doppelszene des Heilvorgangs entspricht ganz der *Struktur* des Geschehens, wie sie auch aus einem Text der Epidauros-Inschriften hervorgeht:

Heilung von einer Geschwulst in einer Doppelszene

> Ein Mann wurde am Zehen geheilt von einer Schlange. Dieser war von einem bösartigen Geschwür am Fußzehen in schlimmer Verfassung. Er wurde am Tage von den Dienern herausgebracht und saß auf einem Sessel. Als ihn der Schlaf ergriffen, kam unterdessen eine Schlange aus dem Heilraum, heilte seinen Zehen mit der Zunge und zog sich, nachdem sie das getan, wieder in den Heilraum zurück. Als er aufwachte, und gesund war, sagte er, er habe ein Gesicht gesehen: es habe ihm geträumt, daß ein Jüngling von stattlicher Gestalt eine Arznei auf den Zehen aufgestrichen habe.

2. Das an Titus Latinius gewirkte Straf- und Heilwunder

In der römischen Literatur wird seit dem 3. Jahrhundert v. Chr. ein Wunder überliefert, das sich an einem Bauern in Rom ereignet haben soll. Es sind mehr als zehn Schriftsteller, die es bis ins 5. Jahrhundert nach Christus hinein berichten, unter ihnen auch christliche Autoren wie Augustinus. Wir wählen aus dieser Vielzahl der Zeugnisse zwei aus: den Text, wie ihn Cicero (106–43 v. Chr.) und Livius (59 v. Chr.–17 n. Chr.) bieten.[43] Ein Vergleich zeigt, wie bei gleichbleibender Grundstruktur doch manche Einzelheiten im Überlieferungsprozeß geändert wurden.

Cicero	**Livius**
Alle Geschichtsschreiber wie Fabius, Gellius und vor allem Coelius überliefern dies:	
Zur Zeit des Latinischen Krieges fanden die großen Weihespiele zum ersten Mal statt.	Die großen Weihespiele wurden gerade infolge einer
Da plötzlich die Männer zum Waffendienst aufgerufen und daher die Spiele unterbrochen werden mußten, wurden sie wiederholt.	Wiederholung in Rom vorbereitet. Zur Wiederholung war die Veranlassung folgende gewesen: an den Spielen hatte
Unmittelbar vor der Eröffnung, als das Volk schon versammelt war, wurde ein Sklave mit dem Gabelkreuz (Zeichen eines Vergehens und der Strafe) durch die Arena geführt und mit Ruten geschlagen.	morgens ein Hausvater noch vor Beginn des Schauspiels seinen Sklaven unter dem Gabelkreuz mit Schlägen mitten durch die Rennbahn getrieben.

Wie heißt der Bauer nach Cicero, wie nach Livius?

Wer ist die erscheinende Gestalt nach Cicero? Wer ist sie nach Livius?

Welcher der beiden Autoren schildert die Krankheit drastischer?

Daraufhin hatte ein römischer Bauer im Schlaf ein Gesicht: Es kam jemand und sagte zu ihm, der Vortänzer habe ihm bei den Spielen nicht gefallen, und der Bauer erhielt den Befehl, dies dem Senat zu melden.

Er aber wagte es nicht.

In einem zweiten Traum erhielt er erneut den Befehl und wurde ermahnt, es nicht auf eine Kraftprobe ankommen zu lassen. Aber er wagte es wiederum nicht. Daraufhin starb sein Sohn,

und der Bauer erhielt zum dritten Mal im Traum dieselbe Mahnung. Danach wurde er gelähmt.

Er teilte nun die Sache Freunden mit. Auf ihren Rat hin trug man ihn auf einer Tragbahre in das Senatsgebäude.

Man begann darauf die Spiele, als hätte dieser Vorfall nichts für die religiöse Feier bedeutet. Kurz darauf hatte ein Mann aus dem Volke, Titus Latinius, einen Traum: es erschien ihm Jupiter und sagte, ihm habe an den Spielen der Vortänzer mißfallen; wenn man nicht mit großem Aufwand die Spiele wiederhole, drohe Gefahr für die Stadt. Er möge hingehen und das den Konsuln melden. Er spürte zwar die religiöse Verpflichtung, aber die Scheu vor der Würde der Behörden gewann die Oberhand und die Furcht, als Gespött in den Mund der Leute zu kommen.

Teuer kam ihm dies Zaudern zu stehen: denn binnen weniger Tage verlor er seinen Sohn. Damit aber die Ursache dieses Verlustes nicht unklar bliebe, erschien dem Gemütskranken (aegro animi) dieselbe Gestalt, die ihm damals im Schlaf vorgeschwebt hatte und fragte, ob er den genügenden Lohn für seine Mißachtung des göttlichen Winkes habe; ein noch größerer stehe bevor, wenn er nicht eilig hingehe, und es den Konsuln melde. Schon dringender war die Sache. Als er dennoch zögerte und hinausschob, überfiel ihn eine ungeheuer heftige Krankheit mit plötzlicher Lähmung.

Jetzt wirkte die Mahnung des göttlichen Zornes. Erschöpft von den vergangenen und noch bevorstehenden Leiden, zieht

	er daher zur Beratung seine Verwandten hinzu und schildert ihnen, was er gesehen und gehört habe, und wie ihm so oft im Schlaf Jupiter erschienen sei, und wie die Drohungen und der Zorn des Himmels sich in seinen Schicksalen verwirklicht hätten. Unter der entschiedenen Zustimmung aller Anwesenden wird er sodann auf den Markt vor die Konsuln auf einer Tragbahre gebracht. Von da brachte man ihn ins Rathaus auf Geheiß der Konsuln, und als
Sobald er dem Senat seinen Traum erzählt hatte,	er dasselbe den Vätern unter ungeheuerem allgemeinen Staunen erzählt hatte, siehe da:
	Ein neues Wunder! Derjenige, der gelähmt an allen Gliedern ins Rathaus gebracht worden
wurde der Mann an seinen Füßen geheilt und kehrte nach Hause zurück.	war, kehrte nach erfüllter Pflicht auf seinen Füßen nach Hause zurück. So ist es überliefert.

Schildern beide Autoren die Reaktion?

Welcher Autor betont das Wunderhafte stärker?

3. Heilung durch Magie

Lukian läßt in seinem Philopseudes[44] den Gesprächspartner Ion folgende Geschichte erzählen:

Die Heilung des Midas vom Schlangenbiß

Ich war ein Knabe von ungefähr vierzehn Jahren. Da kam jemand und meldete meinem Vater, sein Winzer Midas, einer von unseren stärksten und arbeitsamsten Knechten, liege in erbärmlichem Zustand mitten auf dem großen Platze. Er sei von einer Schlange gebissen worden, und das Bein fange schon an zu faulen . . . Während der Mann diesen Bericht erstattete, sahen wir den armen Midas, den seine Mitknechte auf einer Pritsche herbeitrugen. Er war ganz aufgeschwollen, braun und blau. Er ging schon zusehens in Fäulnis über und holte nur noch schwach Atem. Wie nun einer der umstehenden Freunde meinen Vater sehr betrübt über diesen Zufall sah, sagte er zu ihm: Gib dich zufrieden! Ich will gehen und dir in einem Augenblick einen Babylonier, einen von den sogenannten Chaldäern herbringen; der soll dir den Menschen gleich wieder auf die Beine gestellt haben! Kurz: Der Babylonier kam und stellte den Midas wieder her, und das geschah mittels einer Beschwörung, wodurch er ihm das Gift aus dem Leibe herauszog, und mit einem Stückchen, das er vom Leichenstein einer verstorbenen Jungfrau abgeschlagen hatte, und um den kranken Fuß band. Es mag vielleicht nichts Außerordentliches sein, indessen ist gewiß, daß Midas die Pritsche, worauf er hergetragen worden war, auf die Schultern nahm, und frisch und gesund nach unserem Gute davon ging. Und das vermochte die Beschwörung und der Leichenstein! (11)

4. Die Inschrift der Bentresch-Stele in Ägypten

In Ägypten verehrte man unter anderen den Gott Chons. Er galt als Mondgott und wurde auch als Herr über Krankheiten und Dämonen angerufen. Daß selbst sein Standbild böse Geister zu vertreiben vermochte, berichtet die Inschrift der Bentresch-Stele[45]. In märchenhafter Ausschmükund in einer Weise, die dem altägyptischen Geschichtsverlauf nicht ganz entspricht, berichtet sie:

Der Denkstein stammt aus dem 4.–6. Jahrhundert v. Chr. und befand sich ursprünglich in der Nähe des Chons-Tempels im ägyptischen Theben. Heute wird er in der Nationalbibliothek zu Paris aufbewahrt. Die Inschrift ist von den Priestern des Chons erstellt worden, um ihrem Gott Ehre und Ansehen zu verschaffen.

Ramses II. heiratete um 1260 v. Chr. eine hethitische Prinzessin: die Tochter des Fürsten von Bechten, das an der Nordgrenze des Reiches am Euphrat lag. Eines Tages traf beim Königspaar ein Bote des Fürsten von Bechten ein. Er meldete, Bentresch, die Schwester der Königin, sei erkrankt, und der Fürst von Bechten bitte um Hilfe. Der Arzt, den Ramses nach Bechten sandte, fand Bentresch von einem Dämon besessen und war außerstande zu helfen. Auf erneute Bitten ließ nun Ramses das Götterbild des Chons nach Bechten transportieren. Der Fürst empfing den Gott feierlich. Wörtlich heißt es dann: „Da ging der Gott zu dem Ort, an dem Bentresch war. Und er half der Tochter des Fürsten von Bechten. Da wurde sie sofort gesund. Da sagte der Geist, der mit ihr war, zu Chons: ‚Du kommst in Frieden, du großer Gott, der die Dämonen vertreibt. Bechten ist deine Stadt . . . ich bin dein Diener. Ich will an den Ort gehen, von dem ich kam, um deinen Wunsch . . . zu erfüllen. Aber möge deine Majestät geruhen, mit mir und dem Fürsten von Bechten einen Festtag zu feiern.' . . . Dann ging der Geist fort in Frieden an den Ort, an den er wollte, auf Befehl des Chons, und der Fürst von Bechten jubelte gar sehr und ebenso alle Leute, die in Bechten waren."

An diesem Text ist besonders die Gewährungsbitte und der Bezug zu Mk 5 bemerkenswert. Vergleichen Sie Seite 90.

5. Wundererzählungen des Judentums

Im Unterschied zum Heidentum herrschte in Israel immer eine Distanz zur Magie, und in den offiziellen Kreisen wurden Zauber und Magie scharf abgelehnt. Da sich manche Phänomene der Magie, der Zauberei und des Wunders berühren, war damit auch immer eine gewisse Skepsis gegen das Wunder vorhanden. Nichtsdestoweniger überliefern der Talmud und die Midraschim eine Fülle von Wundererzählungen.[46] Freilich setzt die eigentliche Blütezeit derartiger Erzählungen erst im 2. und 3. Jahrhundert n. Chr. ein; aber manche der in dieser Zeit geformten Texte gehen bereits auf älteres Überlieferungsgut zurück, und manche Erzählungen stammen schon aus vorchristlicher Zeit.

Regenwunder

Einst sprach man zu Choni, dem Kreiszieher (gestorben 65 v. Chr.): „Bete, daß es regne!" ... Darauf betete er. Allein, es fiel kein Regen. Was tat er nun? Er zog einen Kreis, stellte sich hinein und sprach: „... ich rühre mich nicht von hier, bis du dich deiner Kinder erbarmt hast." Da begann der Regen zu tröpfeln. Da sprach er: „Nicht um so etwas bat ich, sondern um Regen für Brunnen, Gruben und Höhlen." Da begann der Regen heftig niederzuschlagen. Da sprach er: „Nicht um so etwas bat ich, sondern um einen Regen segensreich und wohltuend." Nun fiel er wie erbeten, bis die Israeliten in Jerusalem sich vor dem Regen auf den Tempelberg flüchten mußten. (Babylonischer Talmud, Taanit 19a).

Choni der Kreiszieher

Rabbi Chanina ben Dosa (um 80 n. Chr.) und die Dämonin Agrat

Es wird gelehrt: In den Nächten des Mittwoch und Sabbat gehe man nicht allein aus, weil dann Agrat, die Tochter des Machlat, mit achtzehn Myriaden Würgengeln umherstreift ... Früher pflegte sie an jedem Tag herumzustreifen. Einst aber begegnete sie dem Rabbi Chanina ben Dosa und sprach zu ihm: „Hätte man im Himmel über dich nicht ausgerufen, mit Chanina und seiner Gesetzeskunde vorsichtig zu sein, so würde ich dich in Gefahr gebracht haben." Da sprach er zu ihr: „Wenn ich im Himmel so angesehen bin, befehle ich dir, nimmermehr in bewohnten Orten umherzustreifen." Darauf sprach sie: „Ich bitte dich, mir eine bestimmte Zeit zu gewähren." Da ließ er ihr die Nächte des Mittwoch und Sabbat. (Babylonischer Talmud, Pesachim 112b).

Vergleichen Sie die Gewährungsbitte Seite 92; 170.

הדרן עלך המזבח מקדש

מנלן

כשם שהמזבח מקדש את הראוי
לו כך הכבש מקדש כשם שהמזב
והכבש מקדשין את הראוי להן
כך הכלי מקדשין כלי הלח מקדש
את הלח ומידת היבש מקדש את
היבש אין כלי הלח מקד את היבש
ולא מדות היבש מקדשו את הלח
כלי הקדש שניקבו אין עושין
כהן מעין מלאכתן שהיו עושי והן
שלמין מקדשי ואם לאו אין מקד
וכלן אין מקדשי אלא בקדש

סליק פירקא

כל התדיר

את חבירו
קוד את חבי

התמידין קודמי למוספין מוספי
שבת קוד למוספי ראש חדש
מוספי ראש חד קוד למוספי ראש
השנה ש' מלבד עולת הבקר אשר
לעולת התמי תעשו את אלה
כל המקודש מחבירו קוד את חבירו
דם חטא קודם לדם עולה מפני שהו
מרצה איברי עולה קודמין לאיברי
חטא מפני שהן כליל לאישים
חטא קודם לאשם מפני שדמו נתן
על ארבע קרנות ועל היסוד אשם
קוד לתודה ואיל נזיר מפני שהו קד
קדשי תוד ואיל נזיר קוד לשלמי
מפני שהן נאכלי ליום אחד וטעוני
לחם השלמי קוד לבכור מפני שהן
טעונין מתן ארבע ונסכי ותנופ חזה
ושוק הבכור קוד למעשר מפני
שקדושתו מרחם ונאכל לכהנים
המעש קוד לעופו מפני שהו זבח
ויש בו קד קדשי דמו ואימוריו

Ende des 5. Jahrhunderts wird die nachbiblische Überlieferung des Judentums in Babylon aufgeschrieben. Dieses Blatt stammt aus der einzigen, bis auf einige kleine Lücken vollständigen, alten Handschrift dieses babylonischen Talmud, die 1369 geschrieben wurde und sich heute in der Bayerischen Staatsbibliothek befindet.

Heilung durch das Gebet des Rabbi Chanina ben Dosa

Einst erkrankte der Sohn des Rabbi Gamliel (um 90 n. Chr.) und er sandte zwei seiner Schüler zu Rabbi Chanina ben Dosa, daß er für ihn um Erbarmen flehe. Als dieser sie sah, stieg er auf den Söller und flehte für ihn um Erbarmen. Beim Herabsteigen sprach er zu ihnen: „Geht! Das Fieber hat ihn verlassen." Da sprachen sie zu ihm: „Bist du denn ein Prophet?" Er erwiderte: „Weder bin ich ein Prophet, noch der Sohn eines Propheten. Hierauf ließen sie sich nieder und schrieben die Stunde genau auf. Und als sie zu Rabbi Gamliel kamen, sprach er zu ihnen: „Beim Kult! Weder habt ihr vermindert, noch vermehrt. Genau dann geschah es, in jener Stunde verließ ihn das Fieber, und er bat uns um Wasser zu trinken." (Babylonischer Talmud, Berakot 34 b).

Vergleichen Sie dazu Joh 4, 52 f.

Vorzeichen der Tempelzerstörung

Naturwunder?

Die Rabbanan lehrten: Vierzig Jahre vor der Zerstörung des Tempels . . . öffneten sich die Tempeltore von selbst, bis Rabbi Jochanan ben Zakkai (gestorben um 80 n. Chr.) sie anschrie und sprach: „O Tempel, warum ängstigst du dich! Ich weiß, daß du einmal zerstört werden wirst . . ." (Babylonischer Talmud, Joma 39b).

Wunder am Feigenbaum

„Naturwunder" im Dienst einer Belehrung

Die Arbeiter des Rabbi Jose aus Jokeret (4. Jahrhundert n. Chr.) sprachen zu seinem Sohn: „Wir haben Hunger." Da sie gerade unter einem Feigenbaume saßen, rief er aus: „Feigenbaum, bringe doch deine Früchte hervor, damit die Arbeiter meines Vaters zu essen haben!" Da brachte er welche hervor, und sie aßen . . . Als dies der Vater erfuhr, sprach er zu ihm: „Mein Sohn, du hast deinen Schöpfer belästigt, daß der Feigenbaum seine Früchte vor der Zeit hervorbringe, so verscheide auch du vor der Zeit!" (Babylonischer Talmud, Taanit 24a).

Vergleichen wir diese Erzählungen mit denen des Neuen Testaments, dann fallen vor allem drei Dinge auf: 1. Verhältnismäßig oft werden Regenwunder berichtet (im Neuen Testament fehlen sie ganz), 2. Dämonenbannungen geschehen kaum (im Neuen Testament dagegen kommen sie häufig vor); 3. die Heilungen treten meist als Gebetserhörungen ein. Der Unterschied zu den heidnischen Wundererzählungen besteht darin, daß die jüdischen Texte um den Glauben an den einen Gott Israels zentriert sind. Sie wurden erzählt, um die Überlegenheit Jahwes über die Götzen herauszustellen, um zu zeigen, daß Jahwe sich der Frommen annimmt und auf wunderbare Weise für sie sorgt, um die Größe und Gottgefälligkeit mancher Rabbinen und ihrer Lehre sowie Gottes Wirken in ihnen zu veranschaulichen. Ist bei den Heil- und Regenwundern noch am ehesten mit geschichtlichen Ereignissen zu rechnen, so bleiben doch die Grenzen gerade bei diesen Phänomenen zu natürlichen Vorgängen fließend. Die übrigen Texte erweisen sich als volkstümliche Erzählungen, in denen das Element „Wunder" lediglich ein Darstellungsmittel ist.

6. Wunder der Religionsstifter

Fast ausnahmslos lehnten es die großen Religionsstifter ab, Wunder zu wirken. Dennoch konnten sie es nicht verhindern, daß die Nachwelt die erstaunlichsten Dinge über sie in Umlauf setzte. Während zeitgenössische Wundertexte ganz fehlen, kam es in manchen Fällen, zum Beispiel bei Mohammed, schon in der nächsten Generation zur Bildung von Wunderlegenden über die Stifterpersönlichkeit. In anderen Fällen dauerte es Jahrhunderte, bis eine Wunderüberlieferung entstand. Zeitlicher Abstand und literarische Form lassen in den meisten Fällen erkennen, daß es sich nicht um die Bezeugung historischer Ereignisse handelt. Derartige Erzählungen dienen vielmehr der Würdigung und Charakteristik des Religionsstifters, der Verdeutlichung seiner Lehre oder dem Erweis, daß die Gottheit sich durch ihn kundgetan hat. Daß indessen die großen Persönlichkeiten wirklich über Kräfte verfügten, aufgrund deren sie mancherlei außergewöhnliche Wirkungen hervorzubringen vermochten, und daß es auch im Kreis ihrer Anhänger Menschen mit ähnlich erstaunlichen Begabungen gab, soll nicht bestritten werden.

Zarathustra

Zarathustra (7. Jahrhundert v. Chr.) ist der Stifter der iranischen Religion des Parsismus. In den Überlieferungen wird seine Lebensgeschichte umrankt mit einer Fülle von Visions- und Wunderaussagen. Berühmt ist der Geburtshymnus, in dem es heißt, daß bei Zarathustras Geburt Wasser und Pflanzen sich freuten, Dämonen unter die Erde fuhren, und die guten Menschen einander beglückwünschten. In später Zeit erfolgte weitere Ausgestaltung bis hin zu der Aussage, daß seine Geburt vorbereitet wurde durch die Mischung der Elemente.[47]

Buddha

Buddha (um 550–480 v. Chr.): Von ihm berichtet die Legende unter anderem, er habe schon vor seiner Geburt existiert, sei in Gestalt eines weißen Elefanten in den Schoß seiner Mutter, der Königin Maya, gelangt und aus ihrer Seite geboren worden unter Begleitung verschiedener Wunderzeichen. Buddha habe wohlhabend gelebt, bis er eines Tages einem Greis, einem Kranken und einem Toten begegnete. Erschüttert durch diese Begegnungen habe er fortan als Bettelmönch gelebt und nur noch nach tieferer Erkenntnis gesucht. Nach seiner ersten Erleuchtung habe er schwere Versuchungen durch Mara und seine Dämonen durchgestanden. Während der folgenden Lehr- und Wanderjahre sammelte er Schüler um sich und vollbrachte viele Wunder.[48]

Mohammed (um 570–632 n. Chr.) ist der Begründer des Islam.[49] Das heilige Buch dieser Religion ist der Koran. Er setzt sich zusammen aus Teilen des Alten und Neuen Testaments und aus dem Eigengut des Islam. Der Koran berichtet zwar Wundertaten von Jesus, weist aber ausdrücklich darauf hin, daß Mohammed auf Wunder verzichtet habe: der Koran selbst sei das Wunder aller Wunder. Doch schon der erste Biograph, Ibn Ishak, berichtet Wunder, die Mohammed getan haben soll. Im Laufe der Zeit schwoll die Flut der Wundererzählungen auf etwa 3000 an. Darunter befinden sich verhältnismäßig viele Strafwunder an Feinden des Propheten: Hände verdorren beim Versuch, ihn zu steinigen; Pferde der Verfolger stolpern und fallen; Gegnern wird der Tod vorausgesagt und er tritt sobald ein.

Obwohl der Koran sagt, daß Mohammed auf Wunder verzichtet hat, überliefern seine Nachfahren eine wahre Flut von Wunderberichten.

Besonders zwei schwer verständliche Koranverse gaben dem Volk und späteren Erklärern Anlaß zu wunderhafter Ausgestaltung: In Sure 54, 1 heißt es: „Genaht ist die Stunde, und gespalten ist der Mond." Ursprünglich war damit ein Zeichen des Endgerichts gemeint. Spätere Auslegung erklärt: Der Mond habe sich vor den Augen Mohammeds und seiner Genossen gespalten. Diese Aussage wird noch gesteigert, wenn man schließlich zu berichten weiß: der Prophet habe mit einer kleinen Fingerbewegung den Mond gespalten, als Ungläubige ein Wunder von ihm verlangten. Aus Sure 17, 1 „Preis dem, der seinen Diener entführte des Nachts von der heiligen Moschee zur fernsten Moschee" wurde die ausführliche Schilderung einer nächtlichen Reise auf dem Pferd al-Burak von Mekka nach Jerusalem und von dort in den Himmel.

Die Überlieferungen berichten sodann, Mohammed habe Kranke geheilt, Tote erweckt, Gegenstände verwandelt, Regen und Schatten gespendet. Der Moslem Qadi Jjad verfaßte im 12. Jahrhundert n. Chr. eine Schrift, in die eine ganze Reihe von Wundertaten des Mohammed aus älteren Überlieferungen aufgenommen sind, darunter die folgenden:

Heilwunder

> Fahd ibn Atija berichtet: Man brachte zum Propheten einen Knaben, der aufgewachsen war, ohne je gesprochen zu haben. Da sagte er: „Wer bin ich?" Der Knabe antwortete: „Der Prophet Allahs."
>
> Sad Ibn Abi Waqqas berichtet: Der Prophet reichte mir einen Pfeil ohne Spitze und sagte: „Schieß mit ihm!" Der Prophet hatte damals mit seinem Bogen solange geschossen, bis er gesprungen war. Damals war das Auge des Qata ibn Numan getroffen worden, so daß es auf seine Wange herablief. Der Prophet aber gab es zurück, und es war dann das schönere Auge.
>
> Abu Gahi hieb am Tage von Badr (624 n. Chr.) dem Muauwid ibn Afra die Hand ab; der kam mit seiner Hand heran, und der Prophet spuckte darauf und setzte sie ihm an, und sie hielt.

Speisewunder

Aijub bereitete für den Propheten und Abu Bekr soviel Speise, wie für beide genügen konnte. Da sagte der Prophet zu ihm: „Rufe dreißig von den nicht-moslemischen Vornehmen der Stadt herbei!" Das tat er, und sie aßen und ließen noch übrig. Darauf sagte er „Rufe sechzig herbei!" Und es geschah desgleichen. Darauf sagte er: „Rufe siebzig herbei!" Auch sie aßen, bis sie noch übrig ließen. Und keiner von ihnen ging hinaus, ohne den Islam angenommen und dem Propheten gehuldigt zu haben. Abu Aijub berichtet: „So haben von meiner Speise 180 Mann gegessen."

Wasserwunder

Gabir berichtet: Die Leute waren am Tage von al-Hudaibija (628 n. Chr.) durstig, während der Prophet ein Gefäß vor sich hatte. Da verrichtete er aus ihm die rituelle Waschung. Die Leute kamen zu ihm heran und sagten: „Wir haben kein Wasser außer in deinem Gefäß." Da legte der Prophet seine Hand in das Gefäß, und das Wasser begann zwischen seinen Fingern wie aus Quellen herauszuströmen . . . Wenn wir hunderttausend gewesen wären, hätte es uns genügt; wir waren fünfzehnhundert.

Lösungen der Übungsaufgaben

1. 7 Brote; ein paar Fische; etwa 4000 Menschen; 7 Körbe. – 2. 5 Brote; 2 Fische; 5000 Männer; 12 Körbe. – 3. „Wo soll man hier . . . Brot beschaffen, um alle zu sättigen?" – 4. Nein; die Jünger hätten normalerweise an das vorausgegangene Speisungswunder denken müssen. – 5. Das ist möglich, ja wahrscheinlich. a) die große Ähnlichkeit beider Texte. b) ja; die Verschiedenheit der Zahlenangaben ergab sich im Überlieferungsprozeß; sie ist zum Teil Steigerung. c) ja; nur wenn nicht schon eine solche Speisung vorausging, konnten die Jünger so fragen. – 6. Nur je eine. – 7. a) um einen; b) um zwei; c) die im übrigen große Übereinstimmung beider; d) Mattäus hat die Zahl des Markus verdoppelt. **zu Seite 54 f**

1. Angabe der Art des Leidens – Heilender Eingriff – Feststellung des Heilerfolgs. Grundstruktur einer hellenistischen Heilwundererzählung. – 2. Ja. – 3. Mk 7: Handauflegung; Beiseiteführen; Finger in die Ohren legen; Berühren der Zunge mit Speichel; Seufzen; sofortiges Eintreten der Heilung; Staunen und Chorschluß; Mk 8: Beiseiteführen; Bestreichen mit Speichel; Handauflegung. – 4. Blindheit; Bestreichen mit Speichel; Berührung. – 5. Der Genesende sieht zuerst undeutlich: Bäume. – 6. Nein. Sie könnten ebensogut von einem heidnischen Wundertäter erzählt sein. – 7. c) x. **zu Seite 58 f**

1. Eine Erzählung, bei der ein Ausspruch im Mittelpunkt steht. – 2. Durch das im Mittelpunkt stehende Wort. – 3. In 7, 9; 13, 16; 14, 5. – 4. Um Apophthegmen. **zu Seite 70**

1. Ja. – 2. Jude, Herr, größer als Jakob, Prophet, Messias, der wahre Retter der Welt. – 3. „Retter der Welt." – 4. An die Heilung am Sabbat schließt sich eine lange Debatte an. – 5. Ja. Speisungswunder – Rede vom Lebensbrot. **zu Seite 77**

1. V. 1–5; 2. V. 6–14; 3. V. 14–17; 4. V. 18–20; 5. Ja. – 6. 1) V. 1–5; 2) V. 6; 3) V. 7; 4) V. 8; 5) V. 13; 6) V. 14–17. 20. – 7. Schreien bei der Begegnung mit dem Exorzisten (Philostratos); Namenerfragung und -Antwort (Lukian); Ausfahrbefehl (Philostratos); Ausfahrt mit Demonstration (Josephus); Reaktion der Zeugen (Philostratos). – 8. Anrede: Jesus, du Sohn des höchsten Gottes (V. 8); Anrufung des Namens Gottes (V. 8); Bezeichnung „unreiner Geist" (V. 8); Bitte des Geheilten, beim Wundertäter bleiben zu dürfen; Auftrag, Gottes Erbarmen zu künden (V. 19). – 9. Ein Mensch mit einem unreinen Geist (1, 23) – ein Mann . . . in der Gewalt eines unreinen Geistes (5, 2); der schrie laut auf: was haben wir und du miteinander zu tun, Jesus (1, 23 f) – schrie mit lauter Stimme: was habe ich mit dir zu tun, Jesus (5, 7); du bist gekommen, uns zu verderben (1, 24) – ich beschwöre dich . . . quäle mich nicht (5, 7); fahre aus! (1, 25) – fahre aus! (5, 8); da . . . fuhr der unreine Geist von ihm aus (1, 26) – da fuhren die unreinen Geister heraus (5, 13); da gerieten alle in Staunen (1, 27) – und alle staunten (5, 20). – 10. Nein. – 11. Ja. **zu Seite 96 f**

1. Die Erde bebte; die Felsen spalteten sich; die Gräber taten sich auf; viele Leiber . . . standen auf; sie verließen die Gräber, kamen in die Stadt, erschienen vielen. – 2. Mir erscheint am befremdlichsten: das Auferstehen der Toten; und daß dies nach Jesu Auferstehung geschah. – 3. Finsternis; Erdbeben; Erscheinen geisterhafter Wesen. – 4. Ja. – Ich nehme es nicht an; denn so genau stimmen die beiden Texte nicht überein, und die Ähnlichkeit erklärt sich hinreichend aus damals allgemein verbreiteten Darstellungsweisen. **zu Seite 141**

zu Seite 144

1. Keine. – 2. Ich entnehme daraus eine Bestätigung für die Annahme, Mattäus habe nicht historisch genauer berichtet als Markus, sondern den Markustext umgestaltet. – 3. Erdbeben und Sonnenfinsternis als Zeichen der Endzeit. – 4. „Dieser Mensch war ein Gerechter." – 5. Lukas hat den Markustext umgearbeitet; den Gedanken vom „leidenden Gerechten" betont Lukas in seiner ganzen Passionsdarstellung.

Anmerkungen

1. B. Marshall, Das Wunder des Malachias, Frankfurt/M. [2]1956, 57.
2. Vgl. H. Bender (Hrsg.), Parapsychologie. Entwicklung, Ergebnisse, Probleme, Darmstadt [3]1974; S. Ostrander, L. Schroeder, PSI. Die wissenschaftliche Erforschung und praktische Nutzung übersinnlicher Kräfte des Geistes und der Seele im Ostblock, Berlin–München–Wien [7]1973.
3. C. F. v. Weizsäcker, RGG III [3]1959, 1229.
4. Vgl. zu diesem Problemfeld die sehr guten Ausführungen von W. A. de Pater, Theologische Sprachlogik, München 1971, 51–108.
5. Zur Methode vgl. A. Vögtle, Jesu Wundertaten vor dem Hintergrund ihrer Zeit, in: Kontexte 3, hrsg. v. H. J. Schulz, Stuttgart–Berlin 1966, 83–90, hier 87; C. Schütz, Die Mysterien des öffentlichen Lebens und Wirkens Jesu, in: Mysterium Salutis III, 2, Einsiedeln–Zürich–Köln 1969, 58–131, hier 97 f; de Pater, Sprachlogik (Anm. 4), 58.
6. Vgl. zu dieser Szene H. Schürmann, Das Lukasevangelium 1 (Herders Theolog. Komment. z. NT Bd 3), Freiburg–Basel–Wien 1969, 406–414; R. Pesch, Jesu ureigene Taten? Ein Beitrag zur Wunderfrage (Quaest. Disp. 52) Freiburg–Basel–Wien 1970, 36–44; P. Hoffmann, Studien zur Theologie der Logienquelle (Ntl. Abh. NF 8) Münster 1972, 190–193; 198–215.
7. Vögtle, Jesu Wundertaten (Anm. 5), 88 f; vgl. auch F. Mußner, Die Wunder Jesu. Eine Hinführung, München 1967, 45–57.
8. H. Küng, Die Gretchenfrage des christlichen Glaubens? Systematische Überlegungen zum neutestamentlichen Wunder: ThQ 152 (1972) 214–223, hier 223; Derselbe, Christ sein; vgl. auch R. Pesch, Zur theologischen Bedeutung der „Machttaten" Jesu: ThQ 152 (1972) 203–213.
9. Vgl. zum folgenden R. Herzog, Die Wunderheilungen von Epidauros. Ein Beitrag zur Geschichte der Medizin und der Religion, Leipzig 1931; K. Prümm, Religionsgeschichtliches Handbuch für den Raum der altchristlichen Umwelt, Freiburg/Br. 1943, 442–464; B. Kötting, Peregrinatio religiosa. Wallfahrten in der Antike und das Pilgerwesen in der alten Kirche, Münster 1950, 12–79; U. Hausmann, Kunst und Heiltum. Untersuchungen zu den griechischen Asklepiosreliefs, Potsdam 1948, 46–48; Derselbe, Griechische Weihereliefs, Berlin 1960, 58 f.
10. Vgl. außer den Kommentaren H. J. Held, Matthäus als Interpret der Wundergeschichten, in: G. Bornkamm, G. Barth, H. J. Held, Überlieferung und Auslegung im Matthäusevangelium (WissMonANT 1) Neukirchen–Vluyn [4]1965, 155–287; R. Pesch, Neuere Exegese – Verlust oder Gewinn?, Freiburg–Basel–Wien 1968, 143–175; K. Kertelge, Die Wunder Jesu im Markusevangelium. Eine redaktionsgeschichtliche Untersuchung (StANT 23) München 1970, 40–45, 60–62.

11. Text bei E. Hennecke, W. Schneemelcher, Neutestamentliche Apokryphen I, Tübingen ^{3}1959, 96.

12. Text ebd. 293 f.

13. Tacitus, Historien IV, 81; lat. Text u. Deutsche Übersetzg.: J. Borst (Tusculum Bücherei) München 1959; Sueton, Kaiserbiographien, Vespasian 7; Übersetzg.: A. Stahr (Langenscheidtsche Biblioth.) Berlin o. J. – Vgl. auch S. Morenz, Vespasian, Heiland der Kranken, in: Würzburger Jahrbuch f. Altertumswissensch. 4 (1949) 370–378.

14. Vgl. I. Maisch, Die Heilung des Gelähmten. Eine exegetisch-traditionsgeschichtliche Untersuchung zu Mk 2, 1–12 (SBS 52) Stuttgart 1971.

15. Vgl. Held, Mattäus als Interpret (Anm. 10), 224; 232; Kertelge, Wunder Jesu (Anm. 10), 82–85; C. Hinz, „Jesus und der Sabbat", in: Kerygma und Dogma 19 (1973) 91–108; gute Anregung für die Verkündigung bietet F. Kamphaus, R. Zerfaß, Predigtmodelle II, Mainz 1973, 18–20.

16. Vgl. ExR 30 (89 d), Strack-Billerbeck II 462.

17. Vgl. dazu R. Schnackenburg, Das Johannesevangelium II, Freiburg–Basel–Wien 1971, 302–328.

18. Vgl. etwa G. L. Vogel, Seelenleiden und Seelsorge. Leitfaden der Psychopathologie für den Seelsorger, Freiburg 1971.

19. H. Cox, Stadt ohne Gott?, Stuttgart–Berlin ^{5}1969, 166.

20. Vgl. dazu Kertelge, Wunder Jesu (Anm. 10), 86.

21. Griech Text: Ausgabe von B. Niese, Berlin ab 1887; deutsche Übersetzg.: H. Clementz, Halle 1899.

22. Griechischer Text mit engl. Übersetzg.: Philostratus, The Life of Apollonius of Tyana by F. C. Conybeare, in: The Loeb Classical Library, London ^{5}1960, 2 Bde.

23. Griechischer Text: Ausgabe von C. Jakobitz, Leipzig 1904; deutsche Übersetzg.: C. M. Wieland, Leipzig 1788/89 (Nachdr. Darmstadt 1971).

24. Vgl. Kertelge, Wunder Jesu (Anm. 10), 51–55; 101–107; 174–177; R. Pesch, Der Besessene von Gerasa (SBS 56) Stuttgart 1972, 21–40.

25. Zu Mk 1, 21–28 vgl. R. Pesch, Ein Tag vollmächtigen Wirkens Jesu in Kapharnaum (Mk 1, 21–34. 35–39): BiLe 9 (1968), 114–128. 177–195. 261–277; Kertelge, Wunder Jesu (Anm. 10), 50–60; zu Mk 5 und Mt 8 vgl. Pesch, Der Besessene (Anm. 24); Held, Matthäus als Interpret (Anm. 10), 162–165; 232 f; Kertelge, Wunder Jesu (Anm. 10), 101–110.

26. Buchtitel von H. Haag, Einsiedeln ^{2}1969.

27. Philopseudes 13 (Anm. 23).

28. M. T. Cicero, Sämtliche Reden I, Über den Oberbefehl des Cn. Pompejus 48, eingeleitet, übersetzt u. erläutert von M. Fuhrmann, Zürich–Stuttgart 1970, 350.

29. E. Waldschmidt, Die Legende vom Leben des Buddha, Berlin 1929, 205; J. B. Aufhauser, Buddha und Jesus (Kleine Texte f. Vorlesg. u. Übg. 157) Bonn 1926, 12.

30. H. R. Fuller, Die Wunder Jesu in Exegese und Verkündigung, Düsseldorf 1967, 67.

31. Vgl. dazu A. Weiser, Jesus – Gottes Sohn? Antwort auf eine Herausforderung (Kl. Reihe z. Bibel 21) Stuttgart ^{2}1974; zum folgenden: Derselbe, Jesu Wunder – damals und heute (Kl. Reihe z. Bibel 2) Stuttgart ^{3}1970, 30; 36–40.

32. Vgl. zu Mk 5: Kertelge, Wunder Jesu (Anm. 10), 110–120; zu Lk 7: Schürmann, Lukasevangelium I (Anm. 6), 398–405; zu Joh 11: Schnackenburg, Johannesevangelium II (Anm. 17), 396–433; W. Stenger, Die Auferstehung des Lazarus (Joh 11, 1–45): TrThZ 83 (1974), 17–37.

33. Text bei E. Hennecke, W. Schneemelcher, Neutestamentliche Apokryphen I, Tübingen ^{3}1959, 295 f.

34. Meines Wissens stammt der Ausdruck von Fuller, Wunder Jesu (Anm. 30), 17.

35. Georgica I, 466–485. Vgl. auch J. Lange, Zur Ausgestaltung der Szene vom Sterben Jesu in den synoptischen Evangelien, in: Biblische Randbemerkungen, Schülerfestschrift f. R. Schnackenburg, hrsg. v. H. Merklein u. J. Lange, Würzburg 1974, 40–55.

36. Römische Geschichte I, 16. Vgl. zum Ganzen G. Lohfink, Die Himmelfahrt Jesu (StANT 26) München 1971.

37. Vgl. G. Lohfink, Jetzt verstehe ich die Bibel. Ein Sachbuch zur Formkritik, Stuttgart [4]1974, 118; W. Knörzer, Wir haben seinen Stern gesehen. Verkündigung der Geburt Christi nach Lukas und Mattäus, Stuttgart 1967; A. Weiser, Mythos im Neuen Testament unter Berücksichtigung der Mariologie, in: Mythos und Glaube (Mariolog. Stud. 5) hrsg. v. H. J. Brosch u. H. M. Köster, Essen 1972, 67–88.

38. Zu den Wundern der Heiligen vgl. H. Thurston, Die körperlichen Begleiterscheinungen der Mystik, Luzern 1956; W. Schamoni, Auferweckungen vom Tode. Aus Heiligsprechungsakten übersetzt, Paderborn 1968; Derselbe, Parallelen zum Neuen Testament. Aus Heiligsprechungsakten übersetzt, Abensberg 1971.

39. Vgl. R. Reitzenstein, Hellenistische Wundererzählungen, Darmstadt [2]1963, 1–99.

40. Vgl. E. Meyer, Apollonius von Tyana und die Biographie des Philostratos, in: Hermes 52 (1917), 371–424, hier 161; 189; anders: L. Monden, Theologie des Wunders, Freiburg–Basel–Wien 1961, 249.

41. Vgl. dazu besonders J. Kremer, Das älteste Zeugnis von der Auferstehung Christi (SBS 17) Stuttgart [3]1970 und das ganze Heft der Theolog. Quartalschr. 153 (1973).

42. Texte und Übersetzg. bei Herzog, Wunderheilungen (Anm. 9), S. 8–15; 44 f; das Archinos-Relief: ebd. Titelfoto.

43. Cicero, De Divinatione I, 26, 55; lat. Text u. Kommentar: A. S. Pease, Darmstadt [2]1973 (dort auch Angabe aller Fundstellen); Livius, Ab urbe condita 2, 36; vgl. auch Maisch, Die Heilung des Gelähmten (Anm. 14), 61–64.

44. Vgl. Anm. 23.

45. H. Gressmann (Hrsg.), Altorientalische Texte zum Alten Testament, Berlin–Leipzig [2]1965, 77–79; Pesch, Der Besessene von Gerasa (Anm. 24), 34 f.

46. Vgl. P. Fiebig, Rabbinische Wundergeschichten des neutestamentlichen Zeitalters, Bonn 1911; H. Van der Loos, The Miracles of Jesus, Leiden 1965, 139–150.

47. Vgl. G. Widengren, Die Religionen Irans, Stuttgart 1965, bes. 98–102.

48. Vgl. Waldschmidt, Leben des Buddha (Anm. 29).

49. Vgl. T. Andrae, Die Person Muhammeds in Lehre und Glauben seiner Gemeinde, Stockholm 1918; E. Kellerhals, Der Islam. Seine Geschichte, seine Lehre, sein Wesen, Basel–Stuttgart [2]1956; Texte: J. Schacht, Der Islam. Mit Ausschluß des Qorans (Relig. gesch. Lesebuch, hrsg. v. A. Bertholet, Bd. 16, 2. Aufl.) Tübingen 1931, 141–143.

7: Ernst Tiefenbacher, Ingolstadt.
9: Institut für Grenzgebiete der Psychologie und Psychohygiene, Freiburg.
11: Ullstein Bilderdienst, Berlin.
13: Fritz Unger, Stuttgart.
14: Das Weltbild der Bibel. Skizze 1 aus: E. Beck/G. Miller, Biblische Unterweisung. Handbuch zur Auswahlbibel Reich Gottes, herausgegeben von H. Fischer, Kösel-Verlag München.
15: Papyrus P 7950 (Apion-Brief). Staatliche Museen zu Berlin/DDR, Papyrussammlung.
16: Der Blick ins Weltall – vor 400 Jahren. dpa, Deutsche Presse-Agentur GmbH., Frankfurt.
Astronaut Edwin Aldrin auf dem Mond. dpa, Deutsche Presse-Agentur GmbH., Frankfurt.
18. Links: Detail von einem frühchristlichen Sarkophag. Lateranmuseum, Rom. Leonard von Matt, Buochs.
Rechts: Sechs der ursprünglich 54 Säulen des Jupitertempels von Baalbek. Kurt A. Speidel, Stuttgart.
20: Römisches Goldglas, 4. Jahrhundert. Vatikanische Museen. Leonard von Matt, Buochs.
22: Evangelischer Kirchentag 1975: ökumenischer Dialog zwischen Professor Hans Küng, Tübingen, und Dr. Heinz Zahrnt, Hamburg, über „Das Christliche am Christentum".
Deutsche Zeitung in vier Sprachen: „Remscheider General-Anzeiger". Beide Fotos: dpa, Deutsche Presse-Agentur GmbH., Frankfurt.
25: Kurt Schraudenbach, München.
27: Elfenbeintafel aus der Kathedra des Maximian, Mitte 6. Jahrhundert.
Erzbischöfliches Museum, Ravenna. Leonard von Matt, Buochs.
28: Codex Egberti, Blatt 31r. Stadtbibliothek Trier (Ms. 24).
30: Luftbild Passau. Bertram-Luftbild, München-Riem. Freigabe Reg. v. Obb. G 4/29.959.
31: Elfenbeintafel aus der Kathedra des Maximian, Mitte 6. Jahrhundert.
Erzbischöfliches Museum, Ravenna. Leonard von Matt, Buochs.
32: Foto Ernst Kirschner, Ostfildern 2.
34: Elfenbein-Diptychon, 2. Hälfte des 5. Jahrhunderts.
Domschatz, Mailand, Hirmer Fotoarchiv, München.
36: Theater von Epidauros. Roger-Viollet, Paris.
37: Asklepios. Aus dem Großen Kunstführer „Epidauros – das Heiligtum des Asklepios", Verlag Schnell & Steiner, München.
Mitte links: Asklepios mit Gefolge, vor ihm zwei Bittsteller. National-Museum, Athen. Foto Alinari, Florenz.
Mitte rechts: Ohren des Cutius. Alfons Weiser, Vallendar.
38: Weihrelief an Asklepios. Piräusmuseum, Athen. Bildarchiv Foto Marburg.
40: Luftaufnahme der Ortslage von Kafarnaum. Jörg Zink, Stuttgart.
43: Links oben: Foto Ernst Kirschner, Ostfildern 2.
Links unten: SILVESTER/foto-present. foto-present, Agentur für internationale Bilddokumentation GmbH, Essen.
Rechts oben: Barbara Klemm, Frankfurt.
Rechts unten: HILDENHAGEN/present. foto-present, Agentur für internationale Bilddokumentation GmbH, Essen.
44: Rembrandt, Mattäus mit dem Engel. Bildarchiv Foto Marburg.
48: Meister von Liesborn, Amelsbürener Altar, Mitte 15. Jahrhundert. Detail: Gebet und Gefangennahme Jesu. Westfälisches Landesmuseum für Kunst und Kulturgeschichte, Münster.
49: Detail der Kirchendecke von Zillis nach einer Farbaufnahme von Fred Wirz, Luzern.
50: Johannes der Evangelist, Anfang 16. Jahrhundert. Marienkirche, Lübeck. Bildarchiv Foto Marburg.
51: Areus mit Porträt des Kaisers Vespasianus. Sammlung ESR, Zürich. Leonard von Matt, Buochs.

54: Weihstele eines Fußkranken, 18. Dynastie. Ny Carlsberg Glyptothek, Kopenhagen.
56: Links: Innenaufnahme der Wieskirche. Bildarchiv Foto Marburg.
Rechts: Panthéon, Paris: Innenaufnahme. Bildarchiv Foto Marburg.
64: Lehmhäuser. Jörg Zink, Stuttgart.
67: Kafarnaum: Byzantinische Synagoge. Kurt A. Speidel, Stuttgart.
71: Heilung des Blinden. Schnitt von Sigmunda May, Stuttgart.
72: Schiloachteich. Kurt A. Speidel, Stuttgart.
74: Silwan am Abhang des Kidrontals. Kurt A. Speidel, Stuttgart.
75: Adelphia-Sarkophag, 4. Jahrhundert. Nationalmuseum, Syrakus.
Detail: Opfer Abrahams und Heilung des Blindgeborenen. Leonard von Matt, Buochs.
76: Frühchristlicher Sarkophag, Anfang 4. Jahrhundert. Vatikanische Museen. Leonard von Matt, Buochs.
78: Notre Dame, Paris. Chimäre von der Südwestecke des Südturms. Bildarchiv Foto Marburg.
79: Abteikirche, Vezelay. Kapitell mit Dämonen. Bildarchiv Foto Marburg.
81: Links: Stiermensch. Archiv KBW, Stuttgart.
Mitte: Der Dämon Pazuzu. Louvre, Paris. Service de Documentation Photographique, Paris.
Rechts: Pan in einen Mantel gehüllt. Aus dem Kunstführer „Nationalmuseum Athen", Verlag Schnell & Steiner, München.
83: Bestien und Dämonen vom Chor der Kirche Saint-Paul-les-Dax. Bildarchiv Foto Marburg.
84: Aureus mit Porträt des Kaisers Septimius Severus, Sammlung ESR, Luzern. Leonard von Matt, Buochs.
88: Christustafel des Diptychons von Murano. Detail: Befreiung des Besessenen. Erzbischöfliches Museum, Ravenna. Leonard von Matt, Buochs.
91: Magdeburger Antependium. Detail: Heilung des Besessenen. Hessisches Landesmuseum, Darmstadt.
93: David Friedrich Strauß: Archiv Herder, Freiburg. – Rudolf Bultmann. Porträt aus „Zeit und Geschichte", hrsg. von E. Dinkler, Verlag J. C. B. Mohr (Paul Siebeck), Tübingen.
94: Hermann Gunkel (1862–1932). Foto: Charlotte Gunkel, Celle. – Josef Schmid, München. Foto: D. Winkler-Foitzick, München-Borstel.
95: Kartenskizze: Fritz Unger, Stuttgart.
Blick vom Südtheater auf das Forum von Gerasa. Kurt A. Speidel, Stuttgart.
98: Bilderdecke der romanischen Kirche in Zillis. Detail: Heilung des Besessenen. Nach Farbaufnahmen von Fred Wirz, Luzern.
100: Attisches Relief aus einer Nymphengrotte. Aus dem Kunstführer „Nationalmuseum Athen", Verlag Schnell und Steiner, München.
101: Kathedrale von Autun. Detail vom 5. nördlichen Pfeiler. Bildarchiv Foto Marburg.
102: KZ-Lager Oranienburg 1933. Ullstein Bilderdienst, Berlin.
103: Reichsparteitag Nürnberg 1936. Ullstein Bilderdienst, Berlin.
105: See Gennesaret beim Kibbuz En Gev. F. Schlesinger, Jerusalem.
107: Jesus rettet den sinkenden Petrus. Schnitt von Sigmunda May, Stuttgart.
111: Sonnenaufgang am See Gennesaret. F. Schlesinger, Jerusalem.
113: Holztüre von Santa Sabina, Rom, 5. Jahrhundert. Leonard von Matt, Buochs.
114: Kefr Kenna bei Nazaret. F. Schlesinger, Jerusalem.
115: Oben: Karolingisches Dyptichon, Aachener Dom. Ann Münchow, Aachen.
Unten: Hungerspeisung in Indien 1966. Rainer Kruse, Brot für die Welt, Stuttgart.
116: Evangeliar Ottos III., Blatt 103 o: Sturmstillung. Hirmer Fotoarchiv, München.
119: Silberbehälter zu einem Gemmenkreuz, 9. Jahrhundert. Vatikanische Museen, Rom. Leonard von Matt, Buochs.
121: Elfenbein-Bucheinband. Schatzkammer der Kathedrale, Lüttich. Gabriel Yves, Liège.
122: Jordan in der Nähe der traditionellen Taufstelle Jesu. Kurt A. Speidel, Stuttgart.
124: Betanien am Ölberg. Jörg Zink, Stuttgart.

125: Byzantinischer Sarkophag. Nationalmuseum, Ravenna. Foto Alinari, Florenz.
126: Frühchristlicher Sarkophag. Vatikanische Museen, Rom. Leonard von Matt, Buochs.
129: Blick vom Tabor auf den Giv'at ha More. F. Schlesinger, Jerusalem.
130: Archiv Katholisches Bibelwerk e.V., Stuttgart.
131: Goldglas aus der Saturninus-Katakombe, Rom, 4. Jahrhundert. Vatikanische Museen, Rom. Leonard von Matt, Buochs.
133: Adelphia-Sarkophag, 4. Jahrhundert. Nationalmuseum, Syrakus. Leonard von Matt, Buochs.
134: Mathis Neithardt Gothardt, genannt Mathias Grünewald (1460–1528), Isenheimer Altar. Unterlinden-Museum, Colmar. Bildarchiv Foto Marburg.
135: Skizze: Fritz Unger, Stuttgart.
137: Traditionelle Via Dolorosa und Ecce-Homo-Bogen in Jerusalem. Jörg Zink, Stuttgart.
138: Friedhelm Heyde/Archiv KBW, Stuttgart.
146: Himmelfahrt des Elija. Schnitt von Sigmunda May, Stuttgart.
147: Kirche auf dem Berg Tabor. F. Schlesinger, Jerusalem.
148: Links: Evangeliar Heinrichs II. aus Bamberg. Staatsbibliothek München.
Rechts: Norddeutsches Psalterium. Fürstl. Stolbergsche Bibliothek, Wermgerode.
Beide Aufnahmen: Bildarchiv Foto Marburg.
151: Reliefstele des Asklepios. Museum Epidauros. Roger-Viollet, Paris.
153: Asklepios, Hygieia und Bittsteller, 5. Jahrhundert v. Chr. Nationalmuseum, Athen. Foto Alinari, Florenz.
158: Silberbehälter zu einem Gemmenkreuz, 9. Jahrhundert. Vatikanische Museen, Rom. Leonard von Matt, Buochs.
163: Griechische Inschrift. Museum Epidauros. Roger-Violett, Paris.
166: Votivrelief aus dem Heiligtum des Amphiaraos, Oropos/Attika, 4. Jahrhundert v. Chr. Verlag Schnell & Steiner, München.
172: Codex hebr. 95 der Bayerischen Staatsbibliothek, München.

Originalzeichnungen von Sieger Köder, Rosenberg: 10, 12, 15, 19, 22/23, 45, 61, 68, 85, 142, 149, 155.
Originalgemälde desselben Künstlers: 140.

ISBN 3-460-31091-X
Mit kirchlicher Druckerlaubnis.
Die Druckerlaubnis der Gesellschaft vom Katholischen Apostolat erteilte der Provinzial der norddeutschen Pallottinerprovinz am 4. September 1975.

Lektorat: Kurt A. Speidel
Umschlag und graphische Gestaltung: Hans Hug, Stuttgart
Gesamtherstellung: Wilhelm Röck, Weinsberg